글이 술술
써지는 기술

일러두기

- 옮긴이와 편집자 주는 *로 표시하였습니다. 별도로 표시가 없는 것은 옮긴이 주입니다.

- 도서나 신문은 《 》, 주간지나 칼럼 등은 〈 〉로 표시했습니다.

- 본문에서 언급하는 도서는 국내에서 출간된 경우 국역본 제목으로 표기했고, 출간되지 않은 도서의 경우 직역한 제목과 원어 제목을 병기했습니다.

업무에 바로 사용하는 42가지 초스피드 글쓰기 비법

글이 술술
써지는 기술

우에사카 도루 지음
강시은 옮김

타임북스
TIME Books

글을 쓰는 게 어렵고 싫었던 제가,
글을 쓰는 일을 하며 살아가고 있습니다.

"북 라이터* 로 일하시는 걸 보니 원래 글을 잘 쓰셨던 거죠?"

이런 질문을 제법 받습니다. 하지만 사실은 '전혀' 그렇지 않습니다. 일반적으로 생각해 보면, 글쓰기를 좋아하는 사람이 북 라이터 일을 할 확률이 높겠지만 저는 다릅니다. 그리고 달랐기 때문에 이렇게 글에 관한 책을 쓸 수 있다고 생각합니다. 처음부터 글에 재능이 있어서 잘 썼던 것이 아니라 글에는 소질이 없었는데 잘 쓰게 된 과정에서 분명 깨달은 바가 있었거든요. 그리고 감사하게도 30년 가까이 프리랜서로 글을 쓸 수 있었던 것도 의외로 그 덕분이었을지도 모릅니다. 아니면 쓰고 싶은 것을 쓴 게 아니라, 써야 하는 글을 써왔기 때문일지도 모르죠. 200자를 하루 종일 걸려서 쓰던 제가, 지금은 하루에 2만 자를 쓰고 있습니다.

글을 쓴다는 것은 어릴 때부터 어렵고 싫었습니다. 작문도 그렇

---

* 북 라이터: 글쓰기를 전문으로 하는 직업으로 '대필 작가', '고스트라이터'라고도 불린다.

지만, 무엇보다 싫었던 것은 독후감이었어요. 애초에 독서에도 흥미가 없었기에 독후감을 쓰려고 하면 어떻게 시작해야 할지도 몰랐죠. 방학 숙제로 독후감을 써야 하면, 울며 겨자 먹기로 원고지를 줄거리로 채웠습니다.

그런 제가 글을 쓰게 된 계기는 광고 일에 흥미를 느끼면서부터였습니다. 흔히 말하는 '카피라이터'라는 직업에 관심을 갖게 된 것이죠. 포스터에 한 줄 툭! 하니 캐치프레이즈를 쓰는 그런 일을 동경했습니다. 카피라이터가 하는 일은 글을 쓰는 것이 아닌, '말을 찾아내는 일'이라고 생각했거든요.

그런데 막상 제가 맡게 된 일은 채용 공고의 카피를 쓰는 것이었습니다. 채용 공고란 것은 멋있는 문구 하나로는 통하지 않습니다. 회사의 개요나 일의 내용을 정확하게 전달해야 하는데, 글쓰기를 힘들어하는 제가 그런 글을 써야만 했던 것이죠. 고통스러웠습니다! 처음엔 200자(이 책의 다섯 줄 정도) 문구를 쓰는 데 하루가 꼬박 걸렸을 정도였습니다. 하지만 지금은 하루 2만 자의 원고를 술술 써내고 있어요. 매주 기사를 쓰고, 연재를 하여 마침내 50번째 저서인 이 책도 출간하게 되었습니다. 솔직히 말하면, 전문 북 라이터로서 매달 한 권씩 책을 쓰고 있답니다.

글쓰기를 그렇게 싫어했던 제게 도대체 무슨 일이 일어난 걸까요?

저도 글을 못 쓰던 때가 있었기 때문에 글을 못 쓰는 사람의 심정을 누구보다도 잘 이해합니다. 저는 어릴 때부터 정말 글쓰기에 재능이 없었어요. 그래서 글을 쓰는 게 힘들고 어려운 사람의 심정을 너무 잘 압니다. 그리고 왜 글을 쓰는 게 힘들다고 하는지, 글쓰기가 어렵다고 생각하는지도 잘 압니다. 또 그런 사람이 어떻게 해야 글을 술술 쓰게 되는지도 알고 있습니다. 글을 못 썼던 제가 이제는 여러 권의 베스트셀러를 낸 북 라이터가 되었으니까요!

생각을 조금만 바꾸고, 글이 무엇인지를 이해하면 여러분의 글쓰기는 금방 달라질 수 있습니다. 한때 글을 못 썼던 사람으로서 자신 있게 말할 수 있어요. 타고난 글재주가 있어서 글을 술술 쓰는 사람이었다면 절대로 몰랐을 사실이죠.

'쓰는 방법'이 아닌 '쓰기 전'에 포인트가 있다!

이 책은 누구나 술술 글을 쓸 수 있도록, 글쓰기 방법을 3개의 STEP과 9개의 발상의 전환, 그리고 42개의 포인트로 소개합니다. 글 쓰는 일로 처음 프리랜서가 됐을 때, 글이라면 학을 떼던 제가 어떻게 글을 잘 쓰게 된 건지 스스로도 의아했습니다(심지어 저는 쓰는 속도도 빠릅니다). 하지만 시간이 지나면서 이제는 글을 잘 쓰고, 빨리 쓰는 이유를 설명할 수 있게 되었습니다. 지금부터 그 노하우를 하나하나 펼쳐보려고 합니다.

글을 잘 쓰고 싶은 여러분, 준비되셨나요?

STEP1 '사고방식'을 바꾼다

✅ '못 쓰는 것'이 당연하다

✅ '어떻게 쓸지'보다 '무엇을 쓸지'가 중요하다

✓ 아무도 알려주지 않는 5가지 '쓰는 방법' 노하우

✓ 머릿속에서 '형용사' 삭제하기

✓ 글 읽기를 좋아하는 사람은 없다

✅ 최고의 트레이닝은 '읽기'

'사고방식'을 바꾼다

- ✓ '못 쓰는 것'이 당연하다
- ✓ '어떻게 쓸지'보다 '무엇을 쓸지'가 중요하다

업무용 글을 쓰는 방법은
배우지 않았다

어째서 이렇게 글을 못 쓰는 걸까?

카피라이터라는 직업을 잘 모른 채 그 일을 하게 된 저는 20대 초반에 고민이 참 많았습니다. 적절한 단어가 떠오르지 않고, 글이 잘 이어지지 않고, 마무리를 어떻게 해야 할지 모르겠고, 아름다운 글이 되지 않는 그런 고민을 매일 했죠. 당시에는 아직 인터넷이 보편화되지 않아 메일도 없었습니다. 직업상 보고서 같은 것도 필요 없었고, 회사에서 일지를 요구하지도 않았어요.

하지만 그때와 비교하면 지금은 환경이 많이 변했습니다. 메일, 라인(LINE), 슬랙(slack)*, 메신저는 물론, 누구나 컴퓨터를 쓰니 회사에서는 제안서나 기획서, 리포트 등을 당연히 요구하게 되었어요.

---

* **슬랙**(slack): 업무 협업 툴의 한 종류로, 커뮤니케이션, 일정 관리, 파일 공유 등의 기능을 제공하여 원활한 업무에 도움을 준다. -편집자

예전보다 '글을 쓸' 기회가 폭발적으로 늘어난 것이죠. 그래서 '글쓰기'가 업무 성과와 평가로, 직접적으로 이어지는 시대가 되었습니다. 글쓰기가 승진 조건 중 하나가 되기도 하고 말이죠. 이런 상황에서 '글을 쓰는 게 힘들고 고통스러워 도저히 나와는 맞지 않는다'고 생각하면 경쟁에서 불리할 겁니다. 하지만 이렇게 느끼고 있는 사람이 사실 많지 않을까요?

이는 어찌 보면 당연한 현상입니다. 왜냐하면 '업무 글', '비즈니스 문서' 작성법을 배운 적이 있는 사람은 극히 드물기 때문이에요. 그러니까 못 쓰는 게 당연하죠. 더군다나 예전에 배운 작문, 초등학교나 중학교에서 쓰라고 했던 글이나 감상문은 '업무 글'을 쓸 때 오히려 방해가 됩니다. 왜일까요?

그 이유는 어렸을 때 배운 작문법이나 감상문은 일할 때 쓰는 글과는 비슷한 듯 다르기 때문이에요. 심지어 전혀 다르다고까지 할 수 있죠. 그런데도 그때 배웠던 방법으로 글을 쓰려고 하니까 글쓰기가 힘든 겁니다. 결국, 글을 잘 쓰지 못하게 된 원흉은 초등학교 때 배운 작문에 있었다고 해도 과언이 아니에요.

초등학교에서 배운 작문이 모든 것의 원흉?

갓 글을 쓰기 시작했던 20대 시절에는 글쓰기가 힘든 이유를 몰랐습니다. 하지만 지금은 그 이유를 정확히 알고 있습니다. 바로, 어렸을 때 배운 것을 실천하려고 했기 때문이에요. 초등학교 시절에 배운 작문이 제 발목을 잡고 있었던 것이죠.

'아름답고 훌륭한 글, 바른 글을 써야 한다.'
'글로 사람들에게 감동을 줘야 한다.'
'깜짝 놀랄 만한 말을 찾아야만 한다.'
'기승전결이 있는 뛰어난 구조의 글을 써야 한다.'

이른바 글이란 것은 이래야 한다고 생각했고, 이런 글이 가치 있다고 생각했습니다. 어렸을 땐 이런 글을 쓰는 친구들이 옆에 있었고, 그 친구들이 선생님께 칭찬을 받았기에 더더욱 글은 이렇게 써야 한다고 생각했어요. 하지만 지금은 '훌륭한 글을 써야 한다'는 생각을 전혀 하지 않습니다. 그런 생각을 하면 오히려 글을 잘 쓸 수 없다는 걸 알았기 때문이죠.

당시를 생각해 보면 확실히 글을 잘 쓰는 동급생도 있었지만, 시간이 흐르면서 그들에게는 타고난 글재주가 있었다는 것을 점차 깨닫게 되었습니다. 그래요. 그 친구들은 원래 글을 잘 썼던 겁니다. 세상에는 대단한 노력을 하지 않아도 글을 잘 쓰는 사람들이 있습니다. 발이 빠르다든지 계산을 잘한다든지 손재주가 좋고 기술을 좋아하는 것처럼 태어날 때부터 재주를 갖고 태어난 사람들이 있는 것이죠.

'쓰고 싶은 것'이 아닌,
'상대가 원하는 것'을 쓴다

배운 거라곤 생각을 쓰는 것뿐

초등학교 시절에 배운 작문이 어땠는지 떠올려 보세요. 기본적으로 '자신의 생각'을 쓰지 않았나요? 읽는 이를 고려하지 않고 '일방적으로' 쓰는 글이었을 거예요. 게다가 아름답고 훌륭하게 쓴 글이 좋은 평가를 받았을 거고요.

그렇다면 업무상 글은 어떨까요? '일방적인' 생각을 써 내려가는 것일까요? 아닙니다. 필요한 것은 '사실'과 '숫자', '에피소드(있었던 일이나 코멘트·감상 등)'뿐입니다(이 세 가지에 대해서는 나중에 '소재'라는 명칭으로 자세히 설명하겠습니다). 업무 문서는 훌륭하고 아름다울 필요가 없어요. 글의 유려함에 공을 들일 필요가 전혀 없습니다.

독자가 누구인지 상상할 수 없다

뿐만 아니라 어렸을 때 배웠던 작문이나 감상문에는 큰 특징이 있습니다. 바로, 독자를 정하지 않았다는 것인데요. 그렇다면 그 글은 누구를 위해 썼던 걸까요? 선생님? 부모님? 아니면 나 자신?

독자는 나를 아는 모두일 수도 있고, 내가 전혀 모르는 사람일 수도 있습니다. 그런 글이 어린 시절에 배운 글이에요. 바꿔 말하면, 상대방이 누구인지는 생각하지 않고 내가 하고 싶은 말만 일방적으로 쓴 글이라는 것입니다. 읽는 이가 무엇을 원하는지 어떤 것을 생각하는지 고려하지 않고 쓴 글이죠. 이는 대학 시절에 작성했던 리포트도 마찬가지예요.

하지만 사회에 나와서도 그렇게 글을 쓰면 곤란합니다. 비즈니스 문서는 반드시 읽는 상대가 있기 때문이에요. 메일도, 일지도, 제안서도, '읽는 이를 의식해야 한다'는 점에서 어릴 적 작문과는 완전히 다르다고 할 수 있어요. 이걸 눈치채면 한 가지 노하우가 생깁니다. 그것은 '상대가 원하는 걸 써야 한다'는 것이죠. '자신이 쓰고 싶은 것이 아닌, 상대가 원하는 것' 말이에요. 비즈니스 문서, 즉 직장인의 글은 이러한 발상의 전환이 필요합니다. 그리고 사실, 상대가 원하는 것을 쓰면 오히려 글이 잘 써집니다.

'기승전결'은 불필요한 것

한 가지 더, 어릴 때 배운 내용 중에 선명하게 기억에 남는 것이 있을 거예요. 그건 바로 '기승전결'로 대표되는 구조인데요, 글에는 첫머리부터 마무리까지 일정한 구조가 있어야 한다고 생각하는 사람이 적지 않을 겁니다. 하지만 업무상 글을 쓸 때는 절대로 기승전결을 고려해선 안 됩니다. 그 이유는 결론이 마지막에 나오기 때문이에요. 비즈니스 세계에서는 빠른 결론을 원합니다. 결론을 먼저 적고, 그다음에 이유를 적는 것이 좋아요. 이것이 바로 업무용 글쓰기의 왕도라고 할 수 있습니다.

그런데도 기승전결을 갖춘 글을 쓴다면 어떻게 될까요? 읽는 상대는 결론이 빨리 나오지 않아 짜증이 날 수밖에 없을 거예요. 사실 기승전결은 '이야기'를 만들 때 필요합니다. 즉, 일정한 줄거리를 가진 글을 쓰기 위한 것이라 할 수 있죠. 하지만 업무용 글은 이야기가 아닙니다. 글을 읽는 대상도, 구조도, 어린 시절에 배웠던 작문법과 비즈니스 문서에 필요한 그것은 사실 반대라고 할 수 있어요. 우선은 이 점을 알아챌 필요가 있습니다.

'이해하기 쉬운 것이 최고'라는 발상의 전환

무리하게 단어를 찾을 필요가 없다

지금 생각해 보면 제가 20대 때 글쓰기 때문에 유난히 고통스러웠던 이유는 '좋은 단어가 떠오르지 않았기 때문'입니다. 훌륭하고 아름답고 멋있는 글을 쓰려고, 깜짝 놀랄 만한 말을 찾아내려고 악전고투하는 날들의 연속이었어요. 그리고 어렸을 때 작문을 싫어했던 이유도 생각났습니다. '문법이란 이런 것이다. 쉼표와 마침표의 위치가 어쩌고 말의 순서가 저쩌고, 조사니, 형용사니, 문법이 어쩌고저쩌고' 아무튼 그 규칙이 귀찮았습니다. 규칙을 외워서 이렇게 하면 맞고, 아니면 틀리고…. 그런 모든 것들이 너무 싫었어요. 규칙을 일일이 기억하는 건 불가능에 가깝고, 매번 글을 쓸 때마다 체크하는 것도 너무 힘이 드니까요. 더군다나 그런 것에 얽매이면 글을 즐겁게 쓸 수가 없잖아요.

그렇다면 글 쓰는 일로 프리랜서가 된 지 30년 가까이 된 지금은 어떨까요?

훌륭한 단어나 표현? 문법? 그런 건 전혀 생각하지 않는다.
단어나 표현을 찾아내려고 노력한 적이 없다.
문법책을 읽은 적도 없고 글의 구조도 전혀 생각하지 않는다.

사실입니다. 왜냐하면 지극히 평범한, 일상적으로 쓰는 단어만으로 충분하기 때문입니다. 글을 쓰는 사람도 힘들지 않고, 무엇보다 읽는 이가 거북하지 않아요. 까다로운 단어나 거드름 피우는 표현을 써봤자 이해하는 데 시간만 더 걸릴 뿐입니다. 여러분도 글을 읽을 때 '훌륭한 표현보다 필요한 내용만 재빠르게 보고 싶다', '거추장스러운 미사여구 없이 쉬운 말로 설명해 줬으면 좋겠다'고 생각하지 않나요? 그렇다면 글을 쓰는 입장에서 그걸 그대로 실천하기만 하면 됩니다.

글에는 정말 정답이 없다

지금까지 글 쓰는 일을 하며 글에는 답이 없다는 생각을 자주 했습니다. 어렸을 때 썼던 글은 선생님이 평가했으니 당시엔 정답이 있다고 생각했던 것 같아요. 하지만 여태껏 말씀드린 것처럼 어른의 글, 업무용 글, 비즈니스 문서에서는 어린 시절에 배웠던 작문법이 정답이 될 수 없어요. 그렇다고 업무용 글, 비즈니스 문서에 다른 정답이 있느냐? 솔직히 말하면 그 역시 없다고 생각합니다. '정답에 가까운 것'은 있지만 '반드시 이렇게 해야 한다'는 것은 없어요. 즉, 완벽한 본보기란 없는 것이죠.

실제로 A라는 사람이 좋게 평가한 글을 B라는 사람은 '그런가?'라며 반신반의하기도 하잖아요. 반대로 B가 좋다고 생각한 글을 A는 '글쎄'라며 고개를 갸우뚱하기도 하죠. 여러분도 그런 적이 있지 않나요? 나는 좋다고 생각하는데 주위 사람들은 상반된 반응을 보였던 적 말이에요.

결국은 **'모두가 이건 100점짜리다'라고 하는 글은 없어요.** 그러니까 그런 글을 지향할 필요도 없고 쓸 필요도 없습니다. '정답'은 없는 거니까요. 다만 '정답에 가까운 것'은 있습니다. 글을 쓸 때 목표로 삼을 것은 '정답에 가깝게' 가는 것이고, 그건 그렇게 어려운 일이 아닙니다. 그리고 꼭 한 번에 정답에 가까워지지 않아도 괜찮습니다. 차근차근 다가가면 되니까요. 정답이 있다고 생각하고 무작정 정답대로 하려는 대신, 어깨에 힘을 빼고 글과 마주하기만 하면 됩니다.

쉬운 것이 제일 중요하다!

그렇다면 '정답에 다가간다'는 것은 무슨 뜻일까요? 업무와 관련된 글에는 한 가지 명확한 지침이 있습니다. 바로 <u>'알기 쉬워야 한다'</u>

입니다. 어찌되었든 상대방이 내용을 쉽게 알 수 있어야 한다는 것이죠. 앞서 말했듯이 비즈니스 글에는 그 글을 읽는 대상이 존재합니다. 따라서 '읽는 이가 쉽게 이해하는 것'이 다른 무엇보다 중요하다고 할 수 있어요. 읽는 사람이 '보자마자 내용을 간파할 수 있는 것', 이것이 제일 중요합니다.

반대로, 절대 쓰지 말아야 할 것은 이해하기 힘든 글이에요. 어려운 한자가 연이어 나오는 글은 훌륭한 글, 똑똑한 글처럼 보이지만 그 내용을 이해하기가 힘듭니다. 문학적인 표현을 쓴 글도 마찬가지죠. 멋있긴 하지만 내용을 이해하는 데 오랜 시간이 걸려요. 그런 표현이 줄줄이 쓰여 있는 글은 읽기가 아주 곤란합니다. 제일 금기시해야 하는 부분이에요.

'나는 좋은 글을 쓰고 있다'는 착각

소위 글쓰기를 좋아한다거나 글을 잘 쓴다는 사람은 '나는 좋은 글을 쓰고 있다'고 생각하는 경우가 많습니다. 하지만 그건 초등학교에서 가르치는 작문을 기준으로 봤을 때에만 좋은 글이라고 할 수 있어요. 앞서 언급했던 글재주가 좋은 사람은 오히려 이러한 글을 조심해야 합니다.

아무리 '나는 좋은 글을 썼다'는 생각이 들어도, 비즈니스 글이나 업무 글은 읽는 상대방이 평가자임을 알아야 합니다. 그런 의미에서 작성자 스스로의 평가는 사실 의미가 없다고 해도 무방해요.

극단적이기는 하지만, 장황하기만 한 글을 쓸 바에는 무미건조한 글이라도 핵심을 정리해 항목별로 쓰는 것이 훨씬 낫습니다. 특히 메일을 작성할 때는 항목별로 요점만 간결하게 기재하는 편이 좋아요. 저도 그렇게 하고 있고요. 그렇게 써야 상대방이 이해하기 쉽습니다. 글을 한눈에 알아보기 쉽기 때문이죠. 억지로 지어낼 필요가 없습니다. 중점을 둬야 할 것은 '글을 읽는 상대방이 이해하는 것', 이 한 가지밖에 없답니다.

나에게 맞는 글을 쓰는 것이 좋다

독자는 훌륭한 글을 원하지 않는다

제가 20대 때 글을 못 쓰고 악전고투한 이유를 한마디로 정리하자면 이렇습니다. '무슨 일이 있어도 훌륭한 글, 아름다운 글을 써야 한다' 이 생각 때문에 말을 쥐어짜 내느라 고통받고, 억지스러운 전개에 고민하며, 문법이 틀리진 않았는지 걱정했습니다. 시간만 낭비했던 거죠. 하지만 머지않아 그런 건 어떻게 되든 상관이 없다는 걸 깨달았습니다. 제가 아무리 아름답고 훌륭한 글을 쓴다고 해도 읽는 이에게 전해야 할 정보가 제대로 전달되지 않는다면 아무 의미가 없다는 걸 알게 됐기 때문이에요. 그렇지 않으면 채용 공고는 성과가 나오지 않으니까요!

더 나아가 독자는 훌륭하거나 아름다운 글을 원하지 않는다는 것을 깨달았습니다. 알기 쉽게 쓴 글을 원할 뿐이죠. **중요한 것은 '솔직하게, 평범하게, 알기 쉽게 쓰는 것이 좋다'**는 것입니다. 이를 깨닫고

비로소 글이 술술 써지게 되었습니다. 새삼스레 진리를 터득했다고 나 할까요.

'뭐야, 이거면 충분했잖아!?'

그리고 그 후로 20여 년 동안 글쓰기를 업으로 삼고 있습니다. 이렇게 글쓰기에 대한 책까지 쓰고 있고요. 그래서 '아름다운 글보다 알기 쉬운 글을 쓰는 것이 좋다'는 생각이 틀리지 않았다고 자부합니다. 필요한 것은 훌륭하거나 아름다운 글, 명문(名文)이 아니라 나에게 어울리면서 상대에게 잘 전달되는 글이에요. 그런 글이 바로 비즈니스 문서, 그리고 이 책에서 지향하는 '잘 쓴 글'이랍니다.

절대로 흉내 내서는 안 되는 '신문 칼럼'

말은 이렇게 해도 역시 '훌륭한 글을 쓰는 게 좋지 않을까? 멋진 글이라고 불리는 쪽이 쓰는 입장에서도 으쓱하고 말이야…'라고 생각하는 사람이 있을지 모릅니다. 흥미로운 일화를 하나 알려드릴게요. 언젠가 《아사히 신문》 소속 기자와 이야기를 나눌 기회가 있어서 신문 1면 중간 정도에 있는 칼럼을 언급했습니다. 〈천성인어(天声人語)〉라는 칼럼이었는데, 초등학생 때부터 읽으라고 권할 정도로 널리 알려진 칼럼이에요.

하지만 칼럼에 대한 기자의 의견은 의외였습니다. "그 칼럼은 눈에 잘 띄는 신문 1면 중간에 있으니까 유명한 거예요. 기자 중 어느 누구도 그런 글을 쓰려고 하지는 않죠."라더군요. 그 칼럼은 확실히 훌륭하고 멋지지만, 만약 그것이 이름 없는 일반인의 블로그 글이라면 어떨 것 같나요? 회사 업무 보고서가 그런 식으로 관용구 범벅으로 쓰여 있다면요? 사내보의 기고가 그런 글이라면… 위화감이 느껴질 것 같지 않나요? 물론 그 글은 훌륭한 글임에 틀림없습니다. 하지만 여기서 묻고 싶은 것은 '비즈니스나 업무용 글에 어울리는가'예요. 아마 업무용 글과는 전혀 결이 맞지 않을 거라고 생각합니다.

젊은 사람은 젊은 사람다운 글을 쓰면 된다

일화 한 가지를 더 말씀드릴게요. 모 회사의 임원이 해준 이야기입니다. 회사에서 사원급 직원들의 프로젝트 제안서를 모집한 적이 있었답니다. 다양한 사원들이 여러 제안서를 보냈는데 한 가지 당황스러운 점이 있었다고 해요. 관리직인 부장이나 과장급은 나름의 경험이 있기 때문에 전략적인 제안서를 제출했고, 그 제안서들은 그것대로 평가가 가능했습니다.

반면 젊은 사원들에게 기대한 것은 현장 속 젊은이의 생각을 담은, 그들의 특징이 드러난 제안서였다고 해요. 하지만 무슨 생각을 해서인지 대부분의 사원들이 무리해서 부장이나 과장이 쓸 법한 전략적인 제안서를 보냈다고 합니다. 훌륭한 표현들이 나열되어 있었지만 뭔가 빗나간 느낌이 들었다고 하더군요.

그렇습니다. **글을 쓰는 이에게는 자신에게 어울리는 입장이 있습니다.** 부장이나 과장이 신입 사원처럼 글을 쓴다면 문제가 되지만, 반대로 젊은 사람이 부장이나 과장이 쓸 법한 글을 쓰는 것은 맞지 않는 옷을 입은 것처럼 어울리지 않죠. 그것보다도 젊은 사람은 젊은 사람의 시점에서 나름의 글을 쓰면 되는 거예요. 무리해서 훌륭한 글을 쓰려고 하면 오히려 역효과가 날 수 있습니다. 자신에게 맞는 글을 알기 쉽게, 자신만의 시선으로 써내는 것. 오히려 그게 적절합니다. 잘하려고 애쓰며 억지스러운 글을 쓸 필요가 없어요.

잘 쓰려고 하면 들킨다

오랜 기간 글 쓰는 일을 하면서 세미나를 열기도 하고 학원도 운영하고 있습니다. 그래서 다른 사람의 글을 읽을 기회가 많아요. 제가 선생님으로서 학생들에게 과제를 주면 자주 발생하는 일이 있는데요. '선생님한테 칭찬받고 싶다, 선생님을 찍소리 못 하게 하고 싶다'는 생각에 굉장히 힘이 실린 글을 제출하는 학생들이 있다는 것입니다. 그런 글들을 읽으면 '멋지다고 칭송받는 글을 쓰고 싶다, 다른 사람이 내 글을 보고 아름답다고 느꼈으면 좋겠다, 굉장하다고 칭찬받고 싶다 등등의 마음으로 글을 쓰셨겠구나' 하는 생각이 절로 들곤 합니다. 칭찬받고 싶다는 마음이 글에 투영되는 것이죠.

저는 '읽는 이의 감각'이라는 것은 상상 이상으로 날카롭다고 생각하며 이 일을 하고 있습니다. 읽는 사람은 글 전체를 통해 글쓴이를 파악하고 있어요. 만약 글쓴이가 '칭찬받는 글을 써야지!'라고 생각한다면 그 생각이 그대로 문장 속에 묻어납니다. 한마디로, 들키는 거죠. 읽는 이가 '이 사람, 칭찬받고 싶어서 이런 글을 썼네'라고 생각한다면 여러분은 어떨 것 같나요? 저는 싫습니다. 그래서 최대한 읽는 분들이 그런 생각을 하지 않도록 글을 쓰고 있어요. 티를 내지 않아도 들킬 게 뻔하니까요.

멋지다고 인정받는 글보다 자연스러운 그대로가 좋습니다. 나에게 어울리는 글이면 충분하죠. '읽는 사람이 이해하기 쉽게 쓰자' 이런 생각으로 글을 쓰는 것은, 읽는 이에게 감사한 일이 됩니다. 읽는 사람에게 전하고픈 내용을 잘 전달해 글의 궁극적인 목적을 달성할 수 있으니까요.

글이란 무엇인가에 대해 착각하는 분들이 종종 있습니다. 저는 주로 이렇게 표현합니다. '글은 쓰는 사람을 위한 것이 아니라, 읽는 사람을 위한 것이다' 항상 이 점을 명심하고 있어요. 덕분에 글 쓰는 일을 오랫동안 지속하고 있다고 자부합니다.

글쓰기 스킬부터 생각하면
글쓰기가 두려워진다

글은 고상한 것도, 특별한 것도 아니다

이는 제 경험이기도 합니다. 저는 사람들이 흔히 갖고 있는 '글에 대한 이미지'를 깼으면 좋겠어요. 이것 역시 초등학교 작문이나 국어 교육에 얽매인 결과라고 생각하는데, 어떤 이유에서인지 사람들은 '글=고상한 것, 특별한 것'이라고 생각하는 것 같습니다. 그래서 훌륭한 글을 쓰려고 하거나 세련된 말을 찾으려고 하는 것이죠. 정작 중요한 것은 글을 읽는 사람인데 쓰는 사람한테만 초점을 맞추는 거예요.

물론 소설가의 글은 훌륭하지만 솔직히 말해서 그건 예술의 영역이라고 생각합니다. 감사하게도 저는 작가들을 취재할 기회가 많았는데, 그들은 신이 내린 사람들이라고 생각해요. 천부적인 재능이 있는 사람들이죠. 일반 사람이 흉내 낼 수 있는 영역의 사람들이 아닙니다. 설령 흉내를 낸다고 해도 어색하고 이상할 거예요.

글은 커뮤니케이션의 도구일 뿐이다

앞서 말했듯 특히 업무용 글, 비즈니스 문서는 '읽는 상대가 확실히 이해할 수 있느냐'가 무엇보다 중요합니다. 아무리 훌륭하고 아름다운 글이라고 해도 읽는 사람이 이해하지 못하면 비즈니스 세계에서는 의미가 없으니까요.

글이란 것을 깎아내리려고 하는 말은 아니지만, 글은 힘을 빼고 마주하는 것이 좋습니다. 그래서 저는 **글도 커뮤니케이션 도구 중 하나에 지나지 않는다**는 말을 자주 해요. 누군가와 소통할 때 글보다는 말이 편하고 쉽잖아요? 말로 하는 커뮤니케이션을 쉽다고 느끼는 것처럼 글로 하는 커뮤니케이션도 편하게 받아들여 보세요. 말과 글 모두 소통의 도구일 뿐이니까요. 중요한 것은 '상대에게 전하고자 하는 것을 제대로 전달하는 것'입니다. 글이나 말과 같은 도구 자체를 목적으로 삼으면 주객이 전도되어 버려요.

'무엇을 쓸지'만으로도 충분히 훌륭한 글이 된다

그리고 글을 쓴다고 할 때 사람들이 가장 먼저 떠올리는 것은 '어떻게 쓸지'라고 생각합니다. 제가 20대 초반일 때 딱 그랬는데, 글을 쓰는 방법에만 사로잡혀 괴로웠던 적이 있어요. 하지만 글 쓰는 일을 하면서 '어떻게 쓸지'보다 더 중요한 게 있다는 걸 깨달았습니다. 그것은 바로 '무엇을 쓸지'였죠.

채용 공고라면 '회사의 매력, 타사와의 차별점이나 성장성·장래성이 어떠한지, 사장의 인품과 사풍, 복리후생에는 어떤 특징이 있는지'를 써야 합니다. 극단적인 이야기지만 글을 매만지지 않아도, 사실을 툭 던지듯 쓰는 것만으로 충분히 그 매력이 전해지기도 해요. 예를 들면,

'지난 10년간, 신규 채용자 중 단 한 명도 퇴사하지 않았습니다.'
'사장이 사원과 그 가족의 생일에 꽃을 보냅니다.'
'20년 동안 매출이 한 번도 떨어진 적이 없습니다.'

어떤가요? 사실만 나열해도 충분히 설득력이 있지 않나요?

말하는 방식이 서툴러도 마음을 울리는 연설

'어떻게 쓸지'로 생각이 치우치는 것은 '무엇을 쓸지'에 대한 계획이 부족했기 때문입니다. '무엇을 쓸지' 확실히 정하지 않고 글을 쓰기 시작했거나 '무엇을 쓸지'에 대한 선택을 잘못했거나 둘 중 하나겠죠. 곧잘 베스트셀러가 되곤 하는 말하기 기술을 알려주는 책에서도 비슷한 얘기들이 등장합니다. 아무리 말재주가 좋아도 그 내용에 알맹이가 없다면 어떨까요? 듣는 이가 관심 없어 하는 이야기라면 아무리 말을 잘해도 듣는 사람은 재미가 없다고 생각할 겁

니다. 반대로, 말재주가 없어도 어쨌든 그 내용이 마음에 와닿는다면 얘기는 달라질 거예요.

이와 비슷한 경험을 한 적이 있습니다. 결혼식에서 신부의 먼 친척이 연설을 하셨는데, 말하는 스킬은 별로였지만 그 내용만큼은 정말 진심으로 와닿았습니다. 화술이 좋아도 알맹이가 없는, 형식적인 연설을 한 신부의 상사와는 아주 달랐죠. 여러분이라면 어떤 연설을 하고 싶으신가요?

'말하는 방법보다 내용이 중요하다'는 것, 이는 글에도 똑같이 적용됩니다. 쓰는 방법보다 쓰고자 하는 내용이 더 중요한 것이죠. 아무리 글을 잘 쓰더라도 글의 내용을 잘못 선택하면 의미가 없습니다. 사실은 글쓰기 스킬보다 '무엇을 쓸지' 고르는 것이 정말 중요해요. 그리고 '무엇을 쓸지'를 계획할 때 확실히 정해야 할 것은 '목적'과 '읽는 이'입니다.

중요한 것은
글의 '진짜 목적'

'표면상 목적'과 '진짜 목적'의 차이 알기

글을 쓰려고 할 때 먼저 해야 하는 것이 하나 있습니다. 그것은 글의 '목적'을 확실히 정하는 것이에요. '무슨 말이지? 당연한 거 아니야? 난 지금까지 목적을 제대로 정하고 글을 써왔어!'라고 생각하는 분도 있을 텐데 사실 여기에는 함정이 있습니다. 바로, 목적에는 '표면상 목적'과 '진짜 목적'이 있다는 것인데요. 이를 제대로 이해하지 못한 채 글을 쓰려고 하면 '무엇을 써야 할지 모르겠다' 또는 '좀처럼 써지지 않는다'는 생각을 할 수밖에 없습니다.

예를 들어 사내보에 실릴 에세이를 쓴다고 합시다. 글의 목적은 '사내보에 실릴 에세이'지만 이것은 '표면상의 목적'에 지나지 않습니다. 거기에서 한 발짝 더 들어갈 필요가 있는 것이죠. 그것이 '진짜 목적'입니다. 따라서 에세이를 요청받았다면 사내보 제작 담당자에게 '무엇을 위한 에세이'인지 물어봐야 해요. 그러면 **"회사에는 다양한 사람들이 일하고 있으니 자신의 업무를 소개해 주셨으면 해요."** 등 구체적인 답변을 들을 수 있을 겁니다. 이때는 '내 업무를 타 부서 사람에게 정확하게 전달한다' 이것이 바로 '진짜 목적'이에요. 만약 이걸 미리 확인하지 않는다면 어떻게 될까요? 요점에서 벗어난 글을 쓸 수밖에 없겠죠? 그리고 결국은 '무엇을 써야 할지 모르겠는' 상태가 되어버릴 거예요.

'목적'을 미리 확인하면 글쓰기가 쉬워진다

또는 사내보 담당자에게서 이런 답변이 올지도 모릅니다. **"직장에서는 좀처럼 볼 수 없는 사적인 모습을 소개해 주세요."** 만약 이렇게 요청받는다면 '직장에서 볼 수 없는 개인적인 모습을 소개한다'가 에세이의 '진짜 목적'이 되겠지요.

어떤가요? '진짜 목적'에 따라 에세이를 쓰는 방향이 완전히 달라지죠? '진짜 목적'을 확인하면 뚱딴지 같은 글을 쓰지 않아도 될 뿐만 아니라, 글쓰기가 훨씬 쉬워집니다. 앞선 예를 보더라도 단지 '사내보의 에세이'라는 정보만으로는 무엇을 쓰는 게 좋을지 알 수 없잖아요. 그래서 '가족에 대한 것을 쓸까? 반려동물에 대한 것을 쓸까? 아니면 입사하게 된 동기를 쓸까?' 등의 고민에 빠지게 됩니다. 하지만 '내 업무를 소개한다, 직장에서는 볼 수 없는 사적인 모습을 알려준다' 등이 진짜 목적임을 안다면 '무엇을 쓸지'가 꼬리에

꼬리를 물고 떠오르지 않나요?

반드시 '진짜 목적'까지 파고든다

글쓰기에 좀처럼 속도가 붙지 않는 이유는 '어떻게 쓸지'에 대한 고민과 '무엇을 써야 할지 모르겠다', '아무리 찾아봐도 쓸거리가 없다'는 것 때문일 거예요. 하지만 이는 글의 '진짜 목적'까지 파고들지 않아서일 가능성이 큽니다. 사내보 에세이뿐만 아니라 모든 글이 그렇습니다. 메일도 마찬가지예요. 보고를 위한 것인지, 상담을 위한 것인지, 연락, 감사, 제안, 아니면 사죄를 위한 것인지 **'진짜 목적'을 확실히 하면 '무엇을 쓸지' 단숨에 정할 수 있고, 결국 글쓰기도 쉬워집니다.**

신상품 홍보 문구, 출장 리포트, 의사록* 등을 표로 정리했으니 참고해 주세요(37페이지 참고). '표면상의 목적'만으로는 무엇을 써야 할지 애매했던 것들이 단박에 명확해지는 경험을 할 수 있을 거예요. 그래서 **글을 쓸 일이 생기면 반드시 '진짜 목적'을 확인할 필요가 있습니다.**

'표면상의 목적'과 '진짜 목적'에 대해 확실히 깨달은 계기는 어느 주간지 기사를 통해서였는데요. 해당 기사 때문에 가수 겸 배우인 후쿠야마 마사하루(福山雅治) 씨를 인터뷰했던 적이 있어요. 무려 두 번이나 말이죠.

---

* 의사록: 회의의 경과 및 결정 따위를 적어 놓은 기록 -편집자

첫 번째는 주간지의 메인 독자인 60대를 타깃으로 '인생, 이제부터 힘냅시다'라는 메시지의 기사였습니다. 두 번째 기사는 신규 독자를 얻기 위해 '후쿠야마 마사하루 씨와 같은 세대인 40대, 힘내자'라는 메시지를 담은 기사였고요. 60대 타깃의 메시지와 40대 타깃의 메시지는 그 내용이 많이 달라집니다. '진짜 목적'을 확인하지 않았다면 저는 두 번째 기사도 첫 번째 기사와 동일한 메시지를 담아 작성했을 거예요. '표면상의 목적'만으로 글을 쓰면 위험하다는 걸 이때 절실하게 느꼈습니다.

표면상의 목적	진짜 목적
신상품 홍보 문구	• 상품의 매력을 알리고 싶다. • 발매 시기를 강조하고 싶다.
출장 리포트	• 자사 업무 개선에 활용할 힌트를 제공한다. • 현장에서 일하는 직원들의 불만을 알린다.
의사록	• 임원을 대상으로 요점만 정리한다. • 관계자의 발언을 모두 기록한다.
업계지 기고	• 자사의 최신 이슈를 소개한다. • 많은 사람에게 업계 동향을 알린다.

'읽는 이'를 확실히 정한다

자신이 쓰고 싶은 것을 써서는 안 된다

그리고 '진짜 목적'만큼 중요한 것이 '읽는 이'입니다. 글을 쓰려고 할 때, 진짜 목적을 확인하는 동시에 누가 그 글을 읽는지를 체크해야 해요. **'읽는 이'를 확실히 정하는 것**이죠. '무엇을 써야 할지 모르겠는' 원인 중 다른 한 가지는 '읽는 이'를 의식하지 않아서라고 할 수 있습니다. 앞서 말했듯, 초등학교 시절에 배웠던 작문에서는 '읽는 이'를 의식할 필요가 없었습니다. 그때 배운 글쓰기 방식을 그대로 활용하려고 하니까 '읽는 이'까지는 생각이 못 미치는 거예요.

초등학교 작문은 '쓰는 이'가 주체이므로 자신이 생각하거나 느낀 점을 마음대로 쓰면 그만이었습니다. '무엇을 쓸지'는 내 마음대로 정하면 되었던 거죠. 그래서 '무엇을 쓸지'를 건너뛰고 '어떻게 쓸지'를 생각했을 거예요. 하지만 비즈니스나 업무용 글에서는 그렇게 할 수 없습니다. 멋대로 '무엇을 쓸지'를 생각하고 글을 쓰기 시작하면 상사나 업무를 발주한 사람, 거래처 직원이 당황할 겁니다. '어째서 이런 글을 보낸 거지? 정작 내가 알고 싶은 내용은 빠졌잖아?', '주제에서 벗어났네'라는 생각을 하겠지요. 비즈니스나 업무 글에는 반드시 '읽는 이'가 있습니다. 그러니까 당연히 자신이 쓰고 싶은 것을 써서는 안 되죠. '무엇을 쓸지'는, 한마디로 말하면 '읽는 이가 원하는 것'입니다.

읽는 이가 원하는 것을 쓰면 된다

결국, 비즈니스나 업무 글은 읽는 이가 원하는 것을 쓰면 됩니다. '무엇을 쓸지 잘 모르겠으면 '읽는 이'를 떠올려 보세요. '읽는 이'가 누구인지를 확실하게 정하면 단숨에 글을 쓸 수 있습니다. 예를 들어 출장 리포트를 쓴다고 합시다. 읽는 이가 확실하지 않다면 리포트를 어떻게 써야 할지 막막할 겁니다. 그 시점에서 '읽는 이'를 제대로 체크해야 하는데, 글을 읽는 대상이 상사라면 상사가 출장지에 대해 궁금해할 만한 것들을 확인해 두면 됩니다. 상사가 원하는 내용은 '출장지 거래처의 실적이 급격하게 성장하고 있으니 그 이유에 대해서 알아봐 줬으면 좋겠다'일 수도 있고, '출장지 공장에서 출하가 눈에 띄게 지연되고 있으니 그 원인을 조사해 줬으면 좋겠다'가 될 수도 있어요. '읽는 이'가 원하는 것을 알면 '무엇을 쓸지'는 한 번에 파악할 수 있습니다(출장 리포트에 대해서는 뒤에서 자세히 다루도록 하겠습니다).

읽는 이를 의식하면 글의 평가가 바뀐다 ―1

'읽는 이'를 의식하는지 여부에 따라 글의 평가가 크게 바뀌는 예가 한 가지 있습니다. 의사록 작성을 부탁받았다고 해봅시다. 이때 '읽는 이'가 누군지 확인하지 않으면 필요에 맞는 의사록을 만들 수가 없습니다. 하지만 '동료가 회의의 개요를 원하고 있다'면 회의 진행 동안 요점을 간결하게 정리해 두면 좋을 거예요. 아니면 '읽는 이'가 '회의에 출석하지 않은 부장급 모임'이라면 어떨까요? 동료가 원하는 회의의 핵심과 부장이 원하는 회의의 핵심이 같을 리가 없습니다. 이 점을 확실하게 의식해야 해요.

더욱이 '읽는 이'가 임원이라면, 그리고 경영 회의에 의사록이 참고 자료로 올라간다면 글을 쓰는 이는 반드시 이 점을 의식해야 할 거예요. 당연히 내용적인 면에서도 읽는 이를 고려해야 하고, 임원 중에는 나이가 있는 사람이 많을 테니 '글자 크기를 조금 더 키워야겠다'는 생각도 할 수 있겠죠.

읽는 이를 의식하면 글의 평가가 바뀐다 ―2

'읽는 이'를 의식하지 않으면 어떤 상황이 발생할지 다음의 예로 설명해 보겠습니다. 여러분이 큰 홀에서 강연을 하게 되었습니다. 그런데 강연장 무대는 여러분 주변을 제외하고 어두컴컴합니다. 강연장에 어떤 사람이 앉아 있는지 도무지 알 수가 없죠. 초등학생이 있을지도 모르고, 나이가 많은 사람이 있을지도 몰라요. 갓 사회인이 된 젊은이가 있을 수도 있고, 회사의 경영자가 있을 수도 있습니다. 그런 장소에서 강연을 한다면 어떠실 것 같나요? 실제로 강연을 하게 되면 리얼하게 감이 올 텐데요. 아마도 굉장히 두려운 상황일 겁니다.

강연을 하는 사람이라면 누구든 듣는 사람이 강연에 관심을 가졌으면 좋겠다고 생각할 거예요. 하지만 그렇게 하기 위해서는 현장에 누가 있는지 파악해야 합니다. 듣는 이를 파악하지 못한다면 그들에게 필요 없는 이야기를 할 수도 있으니까요. 초등학생과 고연령자에게 하는 이야기는 각각 다른 내용이어야 하듯이, 신입 사원과 경영자에게 하는 이야기도 마찬가지입니다. 물론 이건 극단적인 예시지만 듣는 이의 관심을 끌어내려면 '듣는 이'를 의식할 필요가 분명히 있어요. 글도 똑같습니다. '읽는 이'를 모르면 칠흑 같은 어둠 한가운데에서 강연하는 것과 마찬가지예요. 애먼 글, 창피한 글을 쓰게 되는 것이죠.

또한 글의 무서운 점은 강연의 '듣는 이'와는 달리, '읽는 이'가 보이지 않는다는 것입니다. '읽는 이'는 글이 어처구니없다고 느낄 수도 있고, 아쉽다고 생각할지도 몰라요. 하지만 글쓴이는 이를 눈치채기 힘듭니다. 그렇기 때문에 더욱 '읽는 이'를 확실하게 의식해야만 해요. 보이지 않기 때문에 더더욱 '읽는 이'를 의식할 필요가 있습니다.

Point 8

'목적'과 '읽는 이'로
'무엇을 쓸지'를 알 수 있다

'무엇을 쓸지'는 '목적'과 '읽는 이'로 정한다

글을 쓸 때는 '진짜 목적'을 알고, '읽는 이'를 의식하는 것이 아주 중요하다는 것을 이해하셨으리라 생각합니다. '목적'과 '읽는 이'를 정확히 파악하는 건 글을 못 쓰는 게 당연하다는 걸 받아들이는 일만큼이나 중요해요. 글쓰기에 꼭 필요한 발상의 전환이죠. 그래야 '무엇을 쓸지'가 명확해지니까요.

예를 한 가지 들어볼까요? 클라이언트에게 제출하는 기획 제안서를 쓴다고 가정해 봅시다. 목적은 프로젝트 수주입니다. 이때 직접적으로 소통하는 '담당자'에게 보내는 제안서와 한 번 인사만 했을 뿐인 '그 상사'에게 보내는 제안서, 그리고 한 번도 만난 적 없는 '클라이언트 사장'에게 보내는 제안서가 모두 같아도 괜찮을까요?

소통 창구인 담당자는 줄곧 이야기를 주고받았던 사람이므로 프로젝트와 관련된 상세 내용을 구구절절 쓰지 않아도 될 거예요. 하지만 '그 상사'라면 어떨까요? 제안서에는 프로젝트의 상세 내용을 정성껏 쓸 필요가 있겠지요? 그리고 그 프로젝트가 클라이언트에게 어떤 메리트가 있는지도 제시할 필요가 있을 겁니다. 상황에 따라서는 그 상사의 사고방식이나 좋아하는 것, 또는 그만의 결재 기준 등을 미리 담당자에게 확인하여 그에 맞는 내용으로 제안서를 작성하는 것이 좋을 거예요.

그렇다면 클라이언트 사장에게 전달할 제안서는 어때야 할까요? 사장은 프로젝트는커녕 아예 여러분의 회사를 모를 수도 있습니다. 그렇다면 그 나름대로 상대방에게 맞는 글을 써야 하겠지요.

'목적'이 다르면 '읽는 이'가 같아도 '무엇을 쓸지'가 바뀐다

반대로 '읽는 이'가 같아도 '목적'이 다르면 '무엇을 쓸지'도 바뀌어야 합니다. '목적'이라는 것은, 다시 말하면 '하고 싶은 것이 무엇인지, 말하고 싶은 내용이 무엇인지'를 뜻해요. 앞에서 언급했던 메일을 생각해 보면 보고를 위한 것인지, 단순한 연락을 위한 것인지, 사죄 또는 제안을 하는 것인지, 그 목적에 따라서 메일의 내용이 달라졌잖아요?

'목적'과 '읽는 이'를 조합하면 '무엇을 쓸지'는 자연스레 떠오르게 됩니다. 그런데 이 단계를 밟지 않는 사람이 많아요. 무작정 글을 쓰려고 하는 거죠. 그래서 글을 쓰기가 힘들고, 술술 써지지 않는 겁니다. '무엇을 쓸지'가 명확하게 정해지지 않았기 때문이에요.

'읽는 이'를 뚜렷하게 그려본다

'읽는 이'를 뚜렷하게 상상해야 글이 잘 써진다는 것은 제가 채용 공고를 시작으로 글쓰기에 발을 들였기 때문일지도 모릅니다. 채용 공고의 가장 큰 특징은 공고 게재 후 글의 결과가 지원자 수로 바로 나온다는 것입니다. 클라이언트에게서 비용을 지급받았는데 지원자가 없으면 상당히 난감한 상황이 되죠. 덕분에 항상 심한 긴장감 속에서 글을 마주하게 됩니다. 절대로 긴장의 끈을 놓을 수 없어요. 또 지원자 수가 많다고 해서 능사도 아닙니다. 많은 사람들이 지원해도 끝내 채용이 되지 않는다면 공고의 궁극적인 '목적'을 달성할 수 없기 때문이에요. 따라서 제일 먼저 중요하게 생각해야 할 것이 클라이언트에게 어떤 사람을 채용하고 싶은지를 확인하는 단계였습니다.

그다음 단계는 회사가 원하는 인재가 흥미를 느낄 만한 내용, 즉 '무엇을 쓸지'를 구상하는 것이었어요. 이때 '읽는 이'를 철저하게 상상하고, 필요하면 사원들을 인터뷰하기도 했습니다. 채용 공고를 의뢰한 회사는 규모가 작지만 큰 특징이 있었습니다. 바로 10시 출근 제도를 시행한다는 것이었어요. 일찍 일어나는 사람에게는 아무것도 아니지만 아침에 일어나는 게 너무 힘든 사람에게는 이 제도가 굉장히 매력적인 요소로 다가올 겁니다. 그래서 원하는 인재상을 설정한 다음, 아침에 일어나기 힘든 사람을 타깃으로 하여 채용 공고를 냈습니다. 채용은 당연히 만족스럽게 마무리됐습니다.

업무용 글은 결론부터!

그래서 하고 싶은 말이 뭐야?

기승전결을 골자로 쓴 글은 결론이 마지막에 나오기 때문에 비즈니스나 업무상 적합하지 않다고 말씀드렸는데, 기억하시지요? 이것 역시 채용 공고 카피라이터를 하면서 절실하게 느낀 특징인데요. 공고를 게재했던 곳은 채용 공고로만 구성된 정보지였습니다. 종이 매체였죠. 넘겨도 넘겨도 채용 공고뿐이라서 '읽는 이'가 처음부터 끝까지 모든 공고를 보는 매체는 아니었어요. 쓱 보고 바로 손을 멈추도록 만들어야 했습니다. 그렇지 않으면 입사 지원으로 이어지지 않기 때문이죠. 따라서 '읽는 이'가 제일 알고 싶은 것을 앞쪽으로 가져와 읽는 이의 눈에 띄도록 해야 했어요.

채용 공고는 다소 극단적인 예시지만, 업무를 처리할 때도 누구나 비슷한 생각을 하며 글을 대할 겁니다. 한마디로 말하면 '빨리 알고 싶다'가 핵심이죠. 여러분도 글을 읽을 때 그렇게 생각하지 않나요? '대체 이 글은 무엇을 말하고 싶은 것일까? 결론은 언제 나오는 건가?' 결론이 빨리 나오지 않으면 짜증이 나기 시작합니다.

그래서 결론을 앞부분에 씁니다. 글의 구조를 의식할 필요가 없어요. 앞서 기술했듯, 글이나 말 모두 커뮤니케이션 도구로써는 동일합니다. 그 구성에 대해서는 나중에 자세히 설명하겠지만, '만약 말로 전달하려면 어떤 식으로 이야기해야 할까?'를 생각하면 답이 나옵니다. 말은 일상적으로 누구나 하는 것이니 글이라고 어렵게 생각할 것 없이 말과 똑같이 하면 됩니다. 저는 실제로 그런 식으로 글을 쓰고 있어요. 기승전결 같은 구조는 신경 쓰지 않습니다.

그보다 항상 고려해야 하는 것은 단숨에 읽히는 구성(一気通貫)*이었습니다. 처음부터 읽기 시작하면 나도 모르게 마지막까지 한 번에 읽히는, 그런 글을 구성하려고 애를 썼어요. 다들 바쁩니다. <u>읽다가 도중에 멈칫하는 글은 끝까지 읽어주지 않습니다.</u> 이 생각에는 변함이 없어요.

처음에 '제목'을 생각한다

말하고 싶은 것이 무엇인지를 한마디로 압축하려면 처음에 '제목'을 생각하는 것이 좋습니다. 이 글에는 어떤 제목이 적절할까? '목적'과 '읽는 이'를 떠올리며 생각해 보세요. 표제어나 캐치프레이즈도 좋지만, 제목은 그 글을 상징하는 내용을 압축적으로 표현한

---

* 일기통관(一気通貫): 마작 용어로, '단숨에 관통하다'라는 의미로 풀이할 수 있다.

것입니다. 그래서 제목이 먼저 정해진다면 '읽는 이'에게도, 그리고 글을 쓰고 있는 글쓴이에게도 '무엇을 말하고 싶은지'가 확실히 보이게 되죠. 제목을 의식하면서 글을 쓰면 중요한 것을 놓치지 않고 흔들림 없이 나아갈 수 있습니다.

이상 'STEP1 '사고방식'을 바꾼다'였습니다. STEP1에서 꼭 가져가셨으면 하는 핵심은 '못 쓰는 게 당연하다'는 것과 글은 '어떻게 쓸지'보다 '무엇을 쓸지'가 중요하다는 거예요. 말 그대로 '무엇을 쓸지'가 확실하게 정해지면 설령 글이 다소 조잡하다 할지라도 그 의미가 충분히 전달된다고 생각합니다. 무엇보다 중요한 것은 글이 술술 써진다는 점이고요.

STEP1
요약 정리

☑ 업무용 글 작성법은 배운 적이 없다.

☑ 읽는 이가 이해하기 쉬운 것이 제일 중요하다.

☑ 아무도 '훌륭한 글'을 기대하지 않는다.

☑ '어떻게 쓸지'보다 '무엇을 쓸지'가 중요하다.

☑ '목적'과 '읽는 이'로 '무엇을 쓸지'를 정한다.

☑ 결론을 먼저 쓴다.

'쓰기 전'을 바꾼다

- ✅ 글은 백지상태에서 쓰는 것이 아니다
- ✅ 글 실력은 '메모하는 힘'에서 나온다

준비가 되지 않으면
쓰지 못한다

'글이 좀처럼 써지지 않아요, 글을 술술 쓰기가 힘듭니다'라는 내용의 상담을 할 때면 가장 먼저 물어보는 것이 있습니다.

"글을 쓰기 전에 준비는 하셨어요?"

대부분의 사람들은 준비 없이 글을 쓰려고 합니다. 느닷없이 글을 쓰기 시작하는 것이죠. 하지만 이렇게 해서는 글쓰기가 힘듭니다. 키보드를 치는 손이 멈춰버리는 게 당연해요. 술술 써질 리가 없죠.

앞서 '어떻게 쓸지'보다 '무엇을 쓸지'가 더 중요하다고 했듯이 '무엇을 쓸지'가 준비되지 않은 상태에서 무턱대고 글을 쓸 수는 없습니다. '어떻게 쓸지'에 생각이 치우치니까 '무엇을 쓸지'에 대한 준비는 안중에도 없이 갑자기 글을 쓰는 거예요. 이런 건 아무도 알려주지 않으니 어쩌면 당연한 현상이라고 할 수도 있겠네요.

생각해 보세요. 초등학교 때 썼던 글들은 그냥, 무작정 쓰기 시작한 경우가 대부분이에요. '무엇을 쓸지' 확실하게 준비한 다음 글을 써야 한다고 배우지 않았죠. 배우지 않았으니까 모를 수밖에 없고요.

프로도 글을 쓰기 전에 준비한다

저는 글 쓰는 일로 밥벌이를 하고 있지만 글을 갑자기 쓰기 시작한 적은 한 번도 없어요. 우선 무엇을 쓸지 사전에 철저하게 준비합니다. 그런 다음 구성을 생각하고 나서 글을 쓰기 시작하죠. 예를 들어 경영자의 인터뷰 기사를 쓴다고 하면, 취재 노트를 꼼꼼히 다시 보면서 중요하게 다룰 것이 무엇인지 선택하고 정리합니다. 그리고 그것을 어떤 순서로 쓸지 생각해요.

3,000자, 5,000자 정도 되는 장문의 기사라면 **핵심 사항이나 구성을 미리 메모해 둡니다.** 예전에는 흰 종이에 손 글씨로 무엇을, 어떤 순서로 쓸지 메모했지만 지금은 컴퓨터로 하죠. 메모로 대략의 구성을 짠 다음 글을 쓰기 시작하는 거예요. 앞서 언급했지만 저는 글 쓰는 속도가 굉장히 빠릅니다(솔직히 말씀드리면《읽으면 진짜 글재주 없어도 글이 절로 써지는 책超スピード文章術》이라는 저서도 있답니다).

글을 쓰는 속도가 빠른 이유는 쓰기 전에 제대로 준비를 하기 때문이에요. 사실 핵심 사항을 고르고 구성을 메모하는 것은 꽤 귀찮은 일입니다. 메모하는 시간을 갖느니 차라리 바로 글쓰기를 시작하는 게 낫다고 생각할 수 있지만 이 작은 수고스러움이 큰 차이를 만든다고 생각합니다. 그래서 반드시 이 단계를 밟고 있어요. 지금은 1,500자 정도의 원고는 머릿속으로 바로 구성을 짤 수 있지만, 예전에는 짧은 원고도 반드시 메모를 해야 했습니다. 메모를 하는 이유는 간단해요. 빠르게 글을 쓸 수 있기 때문이죠.

준비가 필요 없는 천재도 있다

글쓰기를 시작하기 전에 '무엇을 쓸지' 정리하거나 핵심 사항 또는 구성을 따로 메모하는 건 시간 낭비라고 생각할 수 있습니다. 물론, 그렇게 하지 않아도 글을 술술 잘 쓰는 사람이 있죠. 그리고 '나도 언젠가는 저렇게 쓸 수 있지 않을까?'라는 생각이 드는 대상도 분명 있을 거예요. 어렸을 때도 보면, 똑같이 배워도 멋진 글을 술술 쓰는 친구가 있는 반면 전혀 그렇지 못한 친구도 있었잖아요. 그것과 같은 원리입니다.

요약하자면, 글쓰기 재능을 타고난 사람이 있습니다. 배운 적도 없고, 핵심 사항이나 구성을 정리하지 않고도 막힘없이 글을 쓰는 재능이 있는 사람 말이에요. 하지만 그런 재능이 없다면 애초에 기대를 하지 않는 것이 좋습니다. 재능이 부족한 사람은 아무리 노력해도 달리기에서 이기기가 힘들듯이, 글쓰기에 천부적인 재능을 가진 사람과 똑같이 글을 쓸 순 없다는 걸 깨달을 필요가 있어요. 솔직히 저는 그런 재능이 없습니다. 그래서 더욱 핵심 사항이나 구성을 제대로 정리하는 거예요. 취재를 하면서 세상에는 엄청난 재능을 가진 사람들이 많다는 사실을 알게 되었거든요.

스포츠 선수의 신체 능력을 예로 들면 이해가 쉬울 텐데요. 선수들은 원래부터 운동 신경이 뛰어난데 '노력'이라는 재능까지 갖고 있습니다. 그러니 금메달을 따거나 전문가가 될 수 있는 것이죠. 저는 과학자나 연구자를 인터뷰하는 경우도 많은데 그들도 마찬가지예요. 번뜩임이나 센스는 물론, 동일한 일을 줄곧 반복하는 인내력, 좀처럼 결과를 내기 힘들 때에도 꺾이지 않는 강한 정신력도 갖고 있죠. 그렇지 않으면 세계적으로 의미 있는 연구를 할 수 없을 거예요.

물론 글쓰기 재능과 관련해 취재할 기회도 있었습니다. 이미 언급한 바 있지만 소설가를 취재하며 '이 사람들은 천부적인 재능이 있다', '신이 내린 사람들이 틀림없다'고 생각한 게 한두 번이 아니었어요. 그렇다고 실망할 필요는 없습니다. 천재는 특이 케이스니까요!

말로만 듣던 천재 소설가

제가 프리랜서로 전향한 지 5년 정도 되었을 때, 저명한 아쿠타가와상(芥川賞)＊을 수상한 작가 한 분을 취재한 적이 있었는데 굉장

＊ 아쿠타가와상(芥川賞): 일본의 분게이슌주(文藝春秋)에서 제정한 문학상으로, 1927년 사망한 소설가 아쿠타가와 류노스케(芥川龍之介)의 업적을 기려 만들었다. -편집자

히 인상 깊었습니다. 당시 저도 소설 쓰기에 흥미가 있었기 때문에 새로 나온 소설에 대한 이야기를 듣고, 이런 질문을 던졌어요.

"이 책은 어떻게 쓰신 건가요?"

작가는 바로 대답했습니다.

"머리로요."

간결한 그의 대답에 저는 깜짝 놀라 다시 물었습니다. '말이 책 한 권이지, 실제로 그 분량이 결코 적지 않을 텐데…. 당연히 구성을 만든 다음 글을 쓰셨겠지'라고 생각하면서 말이죠.

"머리로요?"

"네, 머리에서 나온 것들을 글로 옮겼습니다."

"아, 다른 준비 없이 머리로만 생각하고 끝까지 한 권을 다 쓰셨다는 말씀이신가요?"

"그렇습니다."

너무 당연하다는 듯이 대답해서서 다른 책들도 똑같이 집필하셨을 거라 짐작했습니다. 아무 준비 없이 바로 8만 자, 10만 자짜리 소설 한 권을 써버리는 사람이 이 세상에 존재하다니…. 절대로 같은 분야에서 활동하면 안 되겠다고 새삼 느꼈답니다. 그리고 저는 저의 능력대로 글을 쓰면 된다고 생각했습니다. 제대로 준비를 하고 나서 쓰면 된다고 말이죠. 저는 그렇게 해야 글을 쓸 수 있으니까요. 천부적 재능을 가진 소설가가 아니잖아요.

글은 '소재'로 구성된다는 것을 명심하자

소재의 양에 따라 글의 양이 결정된다

20대 초반까지 글을 전혀 못 썼던 제가 글을 술술 쓰게 된 이유는 첫째, 초등학교 작문의 얽매임에서 벗어난 것. 둘째, '어떻게 쓸지'보다 '무엇을 쓸지'가 중요하다는 것을 알게 된 것. 셋째, '글을 쓰기 전에 제대로 준비한 것'이라고 할 수 있습니다.

처음에는 500자짜리 채용 공고를 쓸 때도 '무엇을 쓸지'를 고르고, 어떤 순서로 쓸지를 생각하면서 메모를 한 다음 글을 썼습니다. 그런 과정을 통해 글을 점점 편하게 쓸 수 있었어요. 그리고 이 과정을 반복하는 동안 점차 속도가 붙기도 했고요(솔직히 말하면 써야할 공고가 너무 많았기 때문이기도 합니다).

'무엇을 쓸지'를 확실하게 정하면 그다음에는 '어떻게 구성해나갈지'만 생각하면 됩니다. 글을 쓰기 시작했을 무렵의 500자가

1,000자, 2,000자로 점점 분량이 늘어났고, 프리랜서가 되고 나서는 3,000자, 5,000자, 1만 자로 늘어났습니다. 그리고 마침내 10만 자짜리 책 한 권을 쓰는 것도 전혀 두렵지 않게 되었어요. <u>아무리 양이 늘어나도 '무엇을 쓸지'를 확실히 모아 구성을 정리해 놓으면 문제가 되지 않습니다.</u> 말 그대로 글의 분량은 '무엇을 쓸지'의 양이라는 것을 알게 된 거죠. '무엇을 쓸지'를 많이 준비해 두면 글의 분량을 늘리는 건 얼마든지 가능하니까요.

반대로 '무엇을 쓸지'가 없는데 글의 분량을 늘리려고 하면 너무 힘이 들 겁니다. 어떻게든 말을 쥐어짜 내고 형용하는 말과 표현을 찾아내서 글을 채워야 하니까요. 당연히 고통스러울 수밖에 없어요. 그러니까 <u>'분량을 채울 수 없을 때'는 '무엇을 쓸지'가 부족하지 않은지 확인해야 합니다.</u>

글쓰기는 어려운데 어째서 라인은 쉽게 써질까?

앞서 언급했듯이, 《읽으면 진짜 글재주 없어도 글이 절로 써지는 책》이라는 책을 쓸 만큼 저는 글을 굉장히 빨리 쓴다고 자부합니다. 글쓰기가 그렇게 어렵고 싫었는데 지금은 글을 빨리 쓴다고 인정받고 있죠. 《읽으면 진짜 글재주 없어도 글이 절로 써지는 책》을 쓴 계기도 제가 빨리 글을 쓰는 이유를 알았기 때문입니다. 그것을 알려 준 것이 메신저 앱인 라인이었어요.

라인은 동일본대지진을 배경으로 등장했습니다. '더 빠르고 손

쉽게 사용할 만한 메신저 앱을 만들 순 없을까?'에 대한 해결책으로 태어난 라인은 그 편리함 때문에 눈 깜짝할 사이에 사람들 사이에 퍼져나갔습니다. 불과 몇 년 만에 라인을 하는 것은 당연한 일이 되었어요. 누구나 사적으로, 혹은 업무적으로 라인을 쓰게 되었죠.

그 와중에 문득 깨달은 것이 있었습니다. 직장인 중에는 예전의 저처럼 글쓰기가 어렵고 싫은 사람이 많다는 것을 말이죠. 제 친구도 그중 하나였는데, 친구는 라인을 신나게 사용하고 있었습니다. 라인으로 주고받는 것은 친구가 그렇게나 싫어하는 '글'이었는데 말이에요. '글을 쓰는 게 어렵고 싫은데도 어째서 라인은 잘 사용하는 걸까?' 신기했습니다. 그리고 마침내 알게 되었습니다. 라인으로 주고받는 것은 '문장, 글'이 아니라는 것을요.

여러분도 동의하시겠지만, 메신저 앱으로 긴 문장을 쓰는 경우는 거의 없습니다. 일상생활에서 쓰는 앱이니까요. '훌륭한 글'을 써야 한다고 의식하지도 않습니다. 까다로운 문법도 신경 쓰지 않고 상황에 따라서 주어가 없는 경우도 많아요. 라인으로 주고받는 것은 '정보 그 자체', '용건 그 자체'입니다. 중요한 것은 '표현'이 아닌 '용건', 원하는 것은 훌륭한 글이나 아름다운 글이 아닌 '필요한 정보'예요. 다시 말하면, **'용건'이나 '필요한 정보'만으로 텍스트 커뮤니케이션이 충분히 이루어질 수 있다는 것**입니다.

글은 백지상태부터 쓰지 않아도 된다

생각해 보니 저는 사람들이 라인으로 커뮤니케이션하는 것처럼 글을 쓰고 있었습니다. '표현'이 아닌 '용건', 훌륭한 글이 아닌 '필요한 정보'. 이것이 바로 앞서 그렇게 강조했던 '무엇을 쓸지'예요. 글의 핵심은 '무엇을 쓸지'입니다. 그걸로 커뮤니케이션이 성립하니까요. 그리고 '무엇을 쓸지'에 집중하느라 '어떻게 쓸지'를 거의 의식하지 않았던 것이 오히려 제가 빠르게 글을 쓸 수 있었던 이유임을 알게 되었습니다. 이 <u>무엇을 쓸지</u>를 앞으로는 '소재'라고 지칭하겠습니다.

한마디로, 글은 '소재'로 만들어지는 것

실제로 저는 '무엇을 쓸지=소재'를 모으고 정리한 것을 바탕으로 글을 구성하고 풀어낼 뿐이에요. 그걸로도 충분히 글이 됩니다. 글 쓰기 전 준비가 중요한 이유를 물으신다면 글은 '소재'로 만들어지기 때문이라고 답할 수 있습니다. '소재'야말로 글쓰기의 필수 요소라고 할 수 있어요. 이것을 글로 옮기기만 한 것이 라인이고요.

'소재'를 주고받는 것은 괴롭지 않다

글을 쓰기가 어렵고 싫은 사람도 라인을 편하게 잘 사용하는 이유는 '소재'만으로 의사소통을 하기 때문입니다. 읽는 이에게 중요한 정보이자 용건만으로 이야기를 주고받는 것이죠. 그렇게 하면 하나도 어려울 게 없어요. 그리고 그걸로도 충분히 커뮤니케이션이 이루어집니다. 이는 비즈니스나 업무용 글에서도 마찬가지예요. 중요한 것은 '필요한 정보이자 용건'이니까요.

　라인을 쓸 때처럼 '소재'에 초점을 맞추면 글을 쓰는 것이 괴롭지 않습니다. 물론 캐주얼한 커뮤니케이션과 비즈니스 글은 분명 차이가 있겠지만, 기본적인 방식은 같다고 할 수 있어요. 그리고 라인으로 커뮤니케이션이 성립한다는 것은 '소재'를 제대로 선택했다는 뜻이기도 합니다. 라인을 통한 캐주얼한 커뮤니케이션도 알게 모르게 '진짜 목적'과 '읽는 이'를 의식하며 하니까요. 놀러를 가거나 약속을 정할 때는 직접적으로 '진짜 목적'과 '읽는 이'를 의식해서 라인을 사용하죠? 그렇지 않으면 구체적인 약속을 정할 수 없잖아요. 라인을 쓸 때는 '진짜 목적'과 '읽는 이'를 신경 쓸 수밖에 없습니다. 그래서 자연스레 적확한 '소재'를 선택하게 되고요. 초등학교 때 배운 작문법의 속박과 훌륭한 글을 써야 한다는 생각에서도 벗어날 수 있습니다. 그리고 '상대와의 찰떡 같은 커뮤니케이션'이라는 즐거움도 느낄 수 있을 거예요.

'소재'는 '사실', '숫자', '에피소드'다

　라인의 예시를 보면서 '소재'만 있으면 읽는 이에게 필요한 내용을 충분히 전할 수 있다는 것을 아셨으리라 생각합니다. 굳이 훌륭한 표현이나 익숙지 않은 멋진 말을 쓰지 않아도 되는 것이죠. 말

그대로 '소재를 정렬하는 것'만으로 충분히 커뮤니케이션이 가능합니다. 그렇다면 '소재'란 무엇인지 더 자세하게 알아볼까요?

저는 제 글이 무엇으로 구성되었는지 분석해 보았습니다. 그리고 '소재'는 '사실', '숫자', '에피소드(있었던 일이나 코멘트=대화문·감상)'임을 알게 되었어요. 실제로 글은 이 세 가지만으로 만들어진답니다. 소설이나 에세이 등은 별개로 하고, 비즈니스 기사처럼 성인이 읽는 글을 꼼꼼하게 살펴보면 '소재'로만 이루어졌음을 아실 수 있을 거예요. 훌륭한 표현이나 관용구도 없고, 억지스러운 멋진 표현이 적혀 있지도 않죠. 그걸로 충분합니다.

한 가지 예로 다음 신문 기사를 살펴볼까요? 2022년 10월 13일 온라인 《아사히 신문》 기사입니다. '소재'='사실', '숫자', '에피소드(코멘트·감상)'임을 의식하고 읽어보세요.

스즈키 재무장관, G20 참석…지속되는 엔저, '과도한 변동에는 적절히 대응할 것'

2022년 10월 13일 12시 37분

미 워싱턴에서 개최 중인 G20 재무장관·중앙은행 총재 회의에 출석한 스즈키 슌이치(鈴木俊一) 재무장관은 12일, 엔화 환율이 달러당 146엔대 후반까지 내려간 상황에 대해 "투기에 의한 과도한 변동은 용인할 수

없으며, 높은 긴장감을 갖고 환율 시장의 동향을 주시하겠다"고 언급했다. 또한 앞으로 환율 개입 가능성에 대해서는 "과도한 변동에는 적절한 대응을 취하겠다"라고 말했다.

G20 회합에서는 스즈키 슌이치 재무장관이 9월에 실시한 일본 정부의 환율 개입에 대해 설명했지만 다른 나라의 의견은 없었다고 한다.

엔화 환율은 9월 22일 개입 이후 일단 달러당 140엔대까지 올랐다가 서서히 하강 곡선을 그리고 있다. 일본 시각으로 13일 오전, 도쿄 외국환 시장에서는 엔화 환율이 한때 달러당 146엔 후반까지 하락하여 다시 환율 개입이 발생하는 것은 아닌지 경계심이 높아지고 있다.

어떠신가요? 기사가 사실, 숫자, 에피소드로 구성되었다는 것이 구체적으로 보이시나요? 그럼 글쓴이의 의지가 조금 더 들어간 글도 한번 살펴보겠습니다. 다음은 저의 저서 《3000명의 성공한 사람들의 말成功者3000人の言葉》의 머리말 원고입니다. '소재'=사실, 숫자, 에피소드임을 의식하면서 읽어주세요.

세상은 원래 불합리하고 불평등하다

문학을 전공한 저명한 대학교수를 취재하고 있을 때였습니다. 질문을 쥐어짜 내는 저에게 그가 갑자기 이렇게 물었습니다.

"우에사카 씨, 도스토옙스키의 작품을 읽어야 하는 이유를 알고 계십니까?"

제가 멍하니 있자 교수님은 이야기를 시작했습니다.

"도스토옙스키의 소설에는 인간이라는 존재의 모든 것이 다 담겨 있습니다. 특히 인간이 살아가는 세계가 얼마나 불합리하고, 무자비하며, 불평등하고, 잔혹한지 이야기하고 있어요. 이걸 이해하는지 아닌지에 따라 인생은 크게 바뀝니다. 예를 들어, 고통스러울 때 사람들은 '어째서 나만 이런 일을 당해야 하지? 이렇게 노력하는데 대체 왜 결과가 안 나오는 거야!'라고 생각하기 쉽습니다. 하지만 '인생은 원래 모질고, 불공평해서 편한 길 따위는 애초부터 없었을 뿐더러 있을 수도 없다'는 걸 미리 인지하고 있다면 어떨까요?"

여러 사람들을 취재하며 느낀 점이 있습니다. 모두들 대단히 노력하고 고생해서 크게 성공했겠지만, 그분들은 막상 자신들의 행동이 대단한 노력이나 고생이라고 생각지 않아요. 가만히 생각해 보면, 저의 20대는 무언가를 기대하고 행운을 바랐던 것 같습니다. 노력이 결과로 이어지지 않는 것에 분노하고 스스로를 책망하면서 말이죠. 힘든 20대였습니다. 하지만 고통이 당연한 것이라 생각하게 된 30대부터 인생이 아주 달라졌어요. 인생이 달라진 가장 큰 원인은 인생의 전제가 바뀌었기 때문이라고 생각합니다. 살아간다는 것은 원래 힘든 것이고, 쉬운 인생은 없어요. 노력을 했더라도 그에 대한 보상을 반드시 받는다고도 할 수 없죠.

생각이 바뀌면 행동도 바뀝니다. 스스로가 납득이 되면, 생각이 말과 행동을 바꿔서 결과 역시 크게 바뀌는 거죠. 세상에 기대하지 않는다는 각오 하나만으로도 인생은 변합니다.

어떠신가요? 일반론이나 많은 사람들의 생각은 '사실'로, 제 감상은 '에피소드'로 덧붙여 봤습니다. 이를 통해서도 '소재'=사실, 숫자, 에피소드로 글이 구성된다는 것을 쉽게 이해하셨으리라 생각합니다.

요즘은 스마트폰이나 컴퓨터로 뉴스나 기사를 보는 분들이 많아서 뉴스나 기사에 접근하기가 정말 쉬워졌어요. 이러한 글들을 읽을 때 '소재'=사실, 숫자, 에피소드임을 의식해 보세요. 뉴스나 기사가 아닌 사내 문서도 마찬가지입니다. 대부분의 글이 '소재'로 구성되어 있다는 걸 눈치채실 수 있을 거예요.

필요한 것은
'상대방을 설득할 수 있는' 소재

글재주가 필요 없다고 하는 이유

앞서 저는 글 쓰는 재능을 타고나지 않았다고 분명히 말씀드렸습니다. 그 점을 충분히 자각하고 있어요. 글 쓰는 재능이 없는데 어떻게 글쓰기로 생계를 유지하고 있을까요?

"30년 가까이 프리랜서로 수많은 기사를 쓰고, 저서도 50권이나 내셨잖아요!"

"저자를 취재하고, 그를 대신해서 글을 쓰시기까지 하잖아요!"

이렇게 말씀하는 분들이 제법 계시지만, 저는 글을 쓰는 것은 제일의 본질이 아니라고 생각합니다. 제가 하는 일은 소설을 쓰거나 에세이를 쓰는 것이 아니에요. 만약 그랬다면 글재주가 필요했겠지요. 저는 업무를 중심으로 다양한 사람에게 득이 되는 글을 씁니다. 그러기 위해서는 쓰는 행동 이상으로 중요한 것이 있습니다. 바로

'적확한 소재를 선택하는 힘'과 '소재를 이해하기 쉽게 독자에게 전달하는 힘'이에요. 저에게는 글재주 대신 이런 능력이 있다고 생각합니다.

만약에 저에게 글재주는 있지만 '소재'를 선택하는 능력이 없다면 어떨까요? 경영자 타깃의 기사를 젊은 사원이 알고 싶은 내용으로 쓴다면요? 아니면 글은 훌륭하게 썼지만 읽기가 어려워 독자들이 이해하기 힘들다면 어떨까요? 과연 그 글이 업무상 좋은 글이라고 할 수 있을까요?

'쓰고 싶은 것'이 아닌 '써야 하는 것'

제 일은 소설가나 에세이 작가가 하는 일과 다릅니다. 즐기기 위한 글이 아닌, 그들과 다른 목적의 글을 씁니다. 그래서 어디까지나 독자에게 도움이 되는 '소재'가 중요해요. 소재를 제대로 선정했다면 조잡한 원고라 해도 충분히 평가받을 수 있습니다. 훌륭하지만 적절치 않은 소재를 사용해 쓴 글보다 더 좋은 평가를 받을 거예요.

제가 이 분야에서 오래도록 생계를 유지하며, 많은 기회를 얻을 수 있었던 것은 이 점을 빨리 알아챈 덕분입니다. 관심을 가져야 할 것은 '어떻게 쓸지'가 아닌, '무엇을 쓸지'예요. 그리고 앞서 언급한 바 있지만 '쓰고 싶은 것'이 아닌, '써야 하는 것'을 씁니다. '독자가 알고 싶은 것'을 쓰는 거죠. 이 깨달음은 글쓰기가 싫고 어려웠던 저에게 아주 큰 영향을 끼쳤다고 생각합니다. 제가 지금 하고 있는 일의 '본질'을 알게 되었으니까요.

그런 의미에서 어려운 일을 군이 직업으로 삼는 것도 직업을 선택하는 좋은 방법이라고 생각해요. 그렇게 직업을 정하면 의외로 인생이 잘 풀릴 수도 있다고 봅니다. 저처럼 말이에요. 좋아하는 것, 잘하는 것만 하는 게 인생은 아닙니다.

업무에 필요한 것은 설득력과 납득시키는 힘이다

제가 쓰는 글은 안건별로 목적과 독자가 달라집니다. 그렇다면 일반적인 업무에 필요한 '소재'=사실, 숫자, 에피소드는 무엇일까요? 그것은 '설득 재료'이자 '납득 재료'라고 생각합니다. 예를 들어,

- 상사에게 새로운 프로젝트를 하고 싶다는 제안서를 쓴다.
- 거래처 사장에게 어떻게든 거래 미팅을 잡아달라는 메일을 쓴다.
- 사내에 자신을 알리기 위해 사원을 타깃으로 사내보 에세이를 쓴다.
- 고객에게 실수에 대한 사죄의 편지를 쓴다.

위와 같은 글에 필요한 것은 글의 목적이 무엇인지를 설명하거나 목적을 이루는 데 뒷받침이 되거나 이미 일어난 일을 설명하는 '소재'일 것입니다. 이러한 소재를 통해 읽는 이는 설득이 될 것이고요. 아무리 열정적으로, 입바르게, 훌륭하고 솜씨 좋게 글을 쓴다고 해도 설득의 재료가 약하다면 읽는 이를 납득시키는 것은 불가능해요.

근거를 들며 논리적으로 쓴다

제안서라면 그 제안을 실현시키고 싶은 명확한 근거가 있을 겁니다. 프로젝트를 제안한다면 프로젝트를 해야 하는 이유가 분명히 있을 거예요. 따라서 프로젝트가 어떤 내용이며, 프로젝트를 진행하면 회사에 어떤 이득이 생기는지를 이야기해야 합니다. 그런 것도 없이 제안이 받아들여질 리가 없으니까요.

이때 프로젝트에 대한 설명과 프로젝트를 해야 하는 근거가 바로 '소재'라고 할 수 있어요. '소재'를 '사실', '숫자', '에피소드'로 구체화하는 것입니다. 글의 '소재'라고 하면 어렵게 생각하는 경향이 있지만, '독자가 눈앞에 있다고 가정하고 말로 설명한다면 어떻게 할지'를 생각해 보면 얘기는 달라집니다. 제안이든, 부탁이든, 누군가에게 무언가를 전달하려 할 때 반드시 그 이유나 근거를 들 테니까요. 그렇지 않으면 목적을 이룰 수가 없습니다. 그래서 더 논리적으로 설명을 하게 되죠.

전기자동차의 훌륭함을 각각 어린이와 50대 부장에게 설명한다고 하면, 그 대상에 따라 말의 서두를 어떻게 시작해야 할지가 달라집니다. 그리고 전기자동차의 훌륭함에 대해서 깊이 이해할 수 있도록 그 근거를 펼쳐야겠죠. 이것이 바로 '소재'라고 할 수 있어요. 그래서 시간이 있을 때 설명의 재료나 근거가 되는 '소재'를 착착 리스트업 해둘 필요가 있습니다. 설득 재료로 사용될 근거를 미리 마련해 놓는 것이죠. 그리고 정렬한 '소재'를 어떻게 사용해야 논리적으로 전달이 가능할지 고민하면 됩니다. 이때 글을 쓰는 것이 아닌, 말을 한다는 생각으로 고민하면 좋습니다. 말하는 것도 글을 쓰는 것도 커뮤니케이션 도구로써는 동일하기 때문이죠. 의외로 사람들은 글을 쓸 때보다 말을 할 때 더 논리적으로 사고하는 경향이 있답니다. 이에 대해서는 뒤에서 다시 설명할 테니 미리 기억해 두세요!

어째서 신문기자는
수첩을 들고 다니는 걸까?

신문기자가 '메모'하는 것은 '소재'

앞서 글은 '소재'로 이루어진다고 했습니다. '소재'만 있으면 글을 쓸 수 있다는 뜻이죠. 반대로 글을 쓸 수 없는 이유는 '소재'를 갖추지 못했기 때문입니다. '쓰는 방법'에 문제가 있는 것이 아니라 '소재'가 모이지 않아서 문제가 되는 거예요.

'쓰는 방법'에 대한 책을 여러 권 읽었는데도 글쓰기가 힘들다는 분이 상담을 요청한 적이 있습니다. 당연합니다. '소재'가 없는데 글을 쓰려고 하면 제가 20대 때 글쓰기로 고통받았던 것처럼 말을 억지로 찾거나 만들어내려고 생고생하게 되니까요. 글을 쓰기가 어려운 사람은 '소재'로 시선을 돌리면 됩니다.

라인으로 커뮤니케이션을 할 때는 '소재'를 주고받을 뿐이라서 글쓰기가 불편하지 않다는 사실을 다시 한번 상기해 주세요. 그러면 글을 잘 쓰는 사람도 '소재'를 의식하고 있다는 예를 한번 들어보겠습니다. 그건 바로 기자인데요. 기자라면 반드시 하는 일이 있죠. 바로 '메모'입니다. 신문기자든 잡지기자든 그들은 반드시 메모장을 들고 다닙니다(녹음기도 많이 사용하죠). 기자가 메모장을 들고 다니는 이유는 무엇일까요? '소재'를 메모하기 위해서라고 할 수 있겠죠? 그렇습니다. 글의 '소재'는 여기저기에 산재해 있지만 금방 잊힙니다. 그래서 '메모'가 아주 중요해요. <u>'메모'를 하지 않으면 '소재'를 잊어버리게 되니까요.</u> 기자에게는 더더욱 '메모'가 중요할 겁니다.

글 쓰는 일을 하는 저도 메모를 합니다. 심지어 방대한 양의 메모를 하죠. 아니면 녹음기로 녹음을 하기도 해요. 잊지 않기 위해서 말이죠.

일지를 못 쓰는 사람은 '메모'하지 않는다

저의 첫 직장은 의류 회사였고, 그곳에서 영업 업무를 했습니다. 1년 6개월밖에 근무하지 않았지만, 일지를 써야 해서 굉장히 힘들었어요. 그때는 아직 글에 강렬한 거부감을 느끼고 있었을 때였고, 그 거부감 때문에 더더욱 글쓰기가 부담스러웠습니다. 하지만 승승 비어 있는 상태의 일지를 제출할 수는 없었죠. 그렇다고 유치한 감상을 적을 수도 없었고요. 정말 고난의 시간이었습니다. 하지만 지금은 당시에 일지를 잘 쓰지 못했던 이유를 확실히 압니다. 그건 '소재'를 '메모'하지 않았기 때문이에요.

하루를 어떤 식으로 보냈는지 적으려고 하면 의외로 기억나는 것들이 별로 없습니다. 그래서 일지 쓰기가 곤란한 거예요. 도무지 생각이 나지 않으니까요. 앞서 '소재'는 사실, 숫자, 에피소드라고 말씀드렸습니다. 글을 쓸 때 필요한 것은 일어난 일, 얻은 숫자, 에피소드 등의 '소재'이므로 소재를 제대로 메모해두는 것이 정말 중요하죠. 이것만 있으면 일지를 쓰는 건 전혀 문제가 되지 않아요. 하지만 '메모'를 하지 않으면 '소재'가 없으니 글을 쓸 수 없습니다. 이것이 바로 제가 괴로웠던 이유입니다.

'메모'만 해도 일지 쓰기가 한결 편해진다

영업 일지를 쓰는 것이 힘들다는 직장인도 심심찮게 보입니다. 영업 외 다른 직종도 일지나 업무 보고를 해야 하는 경우가 많습니다. 하지만 오후가 되어서 그날 하루를 떠올려 보면 생각나는 게 얼마 없어요.

코로나 때문에 재택근무를 하느라 하루 동안 처리한 업무를 보고해야 하는 사람도 꽤 될 텐데요. 제대로 메모를 하지 않아서 일지를 못 쓰는 사람도 분명 많을 겁니다. 영업 담당자를 예로 든다면, 거래처 방문을 마친 다음 '어떤 고객을 방문해서 어떤 대화를 하고 어떤 약속을 했는지, 담당자의 반응은 어떠했고 그에 대해 나는 어떻게 생각했는지, 다음에 무엇을 하려고 하는지, 어떤 행동을 취할 것인지' 등등과 같은 내용을 바로, 그리고 확실히 '메모'해 둬야 합니다. 그 모든 것이 글쓰기의 '소재'니까요. '메모'를 해두면 회사에 돌아와 일지를 쓰는 데 전혀 어려움이 없어요. 오히려 쓸 말이 너무 많아서 다 쓸 수 없을지도 모릅니다. 그리고 거래처 방문 현장을 자세하게 보고할 수 있으니 상사도 좋아할 겁니다. 고객을, 혹은 담당자와의 관계를 한층 더 깊이 이해할 수 있을 테니까요.

다른 직종도 마찬가지입니다. 재택근무를 하는 경우도 동일해요. 하루 동안 한 일이 있을 테니 그것을 확실히 '메모'해 두는 겁니다. 어떤 일을 했는지, 어떤 성과를 냈는지, 어떠한 감상인지, 다음 단계는 무엇인지…. 상사에게 보고를 하려고 마음만 먹으면 보고할 내용은 사실 많지 않을까요?

그리고 메모를 할 때는 항목별로 적는 것이 좋습니다. 메모의 진짜 목적은 일지를 쓰는 것이 아니라 '내가 하루 동안 무엇을 했는지를 상사가 아는 것'이기 때문입니다. '메모' 따위는 귀찮다고 생각하는 사람이 있겠지만 <u>'메모'라는 수고를 하면 일지를 쓰는 데 큰 변화가 생깁니다.</u>

시간을 들여 '소재'를 뽑아내는 방법

'메모'의 중요성은 일지에만 국한되지 않습니다. 일상생활 곳곳에 글의 '소재'가 숨어 있으니까요. 나중에 상세하게 언급하겠지만, 사내보 에세이 같은 글은 컴퓨터 앞에 앉았다고 해서 '소재'가 저절로 생기지 않습니다. 오히려 역까지 걸어가면서 갑자기 떠오르거나 '아, 이건 쓸 만하겠다!' 하고 퍼뜩 생각나기도 해요. 하지만 이런 '소재'들은 쉽게 잊힌다는 걸 기억해야 합니다. 그래서 '메모'하는 습관이 꼭 필요하다고 재차 강조드려요.

앞서 제 책에 실린 머리말을 소개했는데 그 글 역시 컴퓨터 앞에서 곧바로 술술 쓴 것은 아닙니다. 쓸 내용을 계속 생각하고 '소재'를 미리 메모하고 누적해서 글을 쓰는 순간에 모두 풀어내기만 했을 뿐입니다. 그래서 단숨에 써나갈 수 있었어요. 사실 이 책도 마찬가지입니다. 처음부터 갑자기 글을 써내는 소설가처럼 아무런 메모도 없이 글을 써내는 일은 저에게는 불가능한 것입니다. 어떻게 글을 구성할지 '소재'를 계속 누적하는 것부터가 글쓰기의 시작이에요. 저는 컴퓨터 앞에 앉아서 한 번에 소재를 뽑아내려 하지 않습니다. '소재'는 며칠에 걸쳐 조금씩 만듭니다.

취재할 때 들은 이야기인데, 흥미롭게도 인간의 뇌는 딴짓을 할 때 오히려 답을 내놓는다고 합니다. 하지만 그렇게 생각해낸 것을 붙잡아 두기가 어려워요. 아이디어도 마찬가지입니다. 한 방송 작가는 이런 말을 했습니다. "뇌가 방심할 때 아이디어가 탁! 떠올라요. 그걸 꼭 붙들어 메모를 하죠."라고요.

여러분도 그런 경험이 있지 않나요? 머리를 감고 있는데 갑자기 아이디어가 떠오르거나 운전할 때 업무상 막힌 부분을 해결할 방법이 떠오른다거나 했던 경험 말이에요. 운동을 하는 것도 좋습니다. 무언가 다른 행동을 하느라 뇌가 방심하고 있을 때 비로소 던졌던 질문에 대한 답이 나오는 거예요.

반대로 컴퓨터 앞에서 끙끙대봤자 아이디어나 '소재'는 절대 나오지 않습니다. 책상 앞에서는 오히려 아이디어를 생각하지 않는 편이 좋아요. 그러니까 '소재'도 책상에 앞에서 한 번에 꺼내려고 하면 안 돼요. 조금씩 만들어가야 하죠. 그러면 뇌가 방심했을 때 '오! 이 이야기 쓸 만하겠다', '이 소재도 쓰면 좋겠네!'라며 떠오르는 겁니다. 앞서 언급했던 방송 작가는 아침마다 꼭 메모장을 지니고 헬스장에 간답니다. 운동에 정신이 팔린 뇌가 언제, 어떤 소재를 내놓을지 모르니까요. 그 좋은 아이디어를 잊어버릴 수는 없잖아요?

수많은 학부모의 고민, 초등학교 수업 참관문

'소재'가 얼마나 중요한지 새삼 실감한 일화가 있습니다. 제 딸이 초등학생이었을 때, 딸아이의 수업을 참관하게 되었는데요. 그 다음 주에 수업 참관문을 제출해 달라는 학교 측의 요청을 받았습니다. 분량은 300자 정도로 아주 적었지만, 학교에 제출하는 글이라 얼렁뚱땅 적을 수는 없었어요. 그래서 학부모들은 정말 골치가 아팠습니다. 나중에 학부모 모임에 갔더니 저에게 이런 질문을 하더라고요.

"글 쓰는 일을 하고 계시니까 감상문도 빨리 쓰셨겠네요?"

들어 보니 다른 사람들은 수업 참관을 했던 주 주말 내내 감상문을 쓰는 데에 매달렸다고 합니다. 무엇을 써야 할지 골치가 아파서 몇 번이고 고쳐 쓰고 부인한테도 피드백을 받느라 정말 너무 고생했다고 해요. 개중에는 누가 감상문을 쓸지 싸웠다는 부부도 있었습니다.

저는 어떻게 했을까요? 미안한 마음에 말을 꺼내진 못했지만 솔직히 5분도 걸리지 않아 감상문을 완성했어요. 그 이유는 이미 눈치채셨겠지만 '소재'를 확실히 '메모'해 뒀기 때문입니다. 감상문을 제출해야 한다는 걸 미리 알았기 때문에 '소재' 역시 미리 준비해 둔 것이죠.

수업 참관 당일에 학교 입구에서부터 들고 있던 스마트폰에 쭉쭉 메모를 했습니다. 학부모 남녀 비율이 어떠한지, 접수처 안내는 어떠한지, 어린이들의 신발장 상태, 교실 벽에 무엇이 붙어 있는지, 선생님이 던진 신경 쓰이는 한 마디, 인상적인 아이들의 행동 등등…. '소재'=사실, 숫자, 에피소드임을 의식하면서 계속 스마트폰에 메모했습니다. 이것만으로 이미 상당한 양을 채울 수 있었어요. 300자를 쓰는 건 일도 아니었죠. 가장 인상 깊었던 '사실'을 적고 거기에 '감상'을 얹어 마무리했습니다. 스마트폰으로 재빠르게, 5분도 걸리지 않았어요. 학교에 제출할 감상문은 수기로 작성해야 해서 깔끔하게 적는 것은 아내에게 부탁했습니다.

어떻게 매달 한 권의 책을 쓸 수 있을까?

초등학교 수업 참관은 일상적인 일이 아니라서 기억에 남는 것이 비교적 많은 편입니다. 그래도 잊어버리는 건 어쩔 수 없어요. 그래서 막상 감상문을 쓸 때는 무엇을 써야 좋을지 모르겠는 상태가 되어버리죠. 새삼 '소재'를 '메모'하는 것의 중요성을 강하게 인식하게 되었습니다.

여러 번 반복하지만, '소재'가 없으면 글을 쓰기 힘들다는 점을 꼭 기억하셨으면 합니다. <u>그래서 '메모'를 활용해야 하고요.</u> 그것을 글의 '소재'로 이용하는 겁니다. '소재'만 있다면 두려울 것이 없어요. 아무리 긴 글이라도 말이죠.

저는 저자를 대신해 책을 쓰는 북 라이터 일을 하고 있습니다. 책의 내용, 즉 '소재'는 저자를 인터뷰하면서 얻을 수 있기 때문에 소재를 누적하는 게 어렵지 않아요. 한 권당 10시간 정도 인터뷰를 해서 그 내용을 모두 책의 '소재'로 사용합니다. 이 정도 양이면 메모가 불가능하기 때문에 녹음을 해서 전문 업자에게 텍스트로 받습니다. 그리고 '소재'로 가득 찬 텍스트를 활용해 책을 구성합니다. 한 달에 한 권씩 집필이 가능한 이유는 저자가 갖고 있는 '소재'를 인터뷰로 끄집어내기만 하면 되기 때문이에요. 그런 의미에서 <u>**'쓰는 것'만큼 중요한 것은 '듣는 것'이라고 할 수 있습니다.**</u> 좋은 '소재'를 들을 수 없다면 책을 만드는 길은 요원해질 거예요. 듣지 않은 이야기를 멋대로 창작할 수 없기도 하고요. 그 정도로 '소재'는 중요합니다.

사람은 '망각의 동물'임을
인지한다

'메모'하지 않으면 반드시 잊어버린다

어째서 이렇게까지 '메모'에 집착할까요? 그건 **글이란 '무엇을 쓸지'가 중요하며 그 '소재'가 바로 '메모'이기 때문입니다.** 글재주가 없어도 '메모'만 제대로 하면 글을 술술 쓸 수 있습니다. '어떻게 쓸지'보다 훨씬 중요한 것은 '소재'=사실, 숫자, 에피소드를 '메모'하는 거예요.

이를 아주 뼈저리게 느낀 취재가 있습니다. 교수님 한 분을 취재한 적이 있는데 그분 역시 '메모'를 아주 중요하게 생각하셨어요. 이유는 간단했습니다. 확실한 '메모'만 있으면 다양한 원고를 빠르게 쓸 수 있다는 걸 교수님도 아셨던 거죠. 그리고 한 가지 더, 교수님께서는 '메모'가 중요한 또 다른 이유를 말씀해 주셨습니다. 인간은 원래 망각의 동물이라서 '메모'를 해두지 않으면 잊어버리는 게 당연하다는 것이었어요. 이걸 아는 사람은 제대로 '메모'하지만 이 사실을 모르는 사람이 생각보다 정말 많습니다.

인류의 역사는 약 500만 년이라고 해요. 지금과 같은 현대 사회는 인류 전체 역사로 따졌을 때 극히 일부라고 할 수 있죠. 그렇다면 긴 역사 동안 인간은 어떻게 지냈을까요? 대부분의 동물처럼 정글에서 태어나 정글에서 생활하고 정글에서 일생을 마무리했을 거예요.

잊어버리는 것은 인간의 본능이다

정글에서의 생활을 예측해 볼까요? 상상하시는 것처럼, 정글에서 인간은 나약한 존재였습니다. 인간보다 사나운 동물이 얼마든지 있었죠. 위험한 파충류나 벌레도 있었고요. 인간에게 정글은 방심할 수 없는 곳이었을 거예요. 잠깐이라도 긴장을 풀면 덥석 물리거나 공격을 당할지도 모르는 무서운 곳이었겠죠. 그래서 항상 긴장감을 갖고 주변을 살피며 살아가야 했을 겁니다. 이렇게 살았던 역사가 현대 사회의 역사보다 훨씬 길어요.

그렇다면 인간은 위험한 정글에서 살아남기 위해 무엇을 했을까요? 순간적으로 위험을 감지할 수 있도록 뇌의 공간을 항상 비워 두어야 했습니다. 그러기 위해서는 뇌에 저장된 쓸데없는 정보를 버려야 했어요. 그래서 인간은 본능적으로 잊을 수밖에 없었습니다. 망각의 동물이 될 수밖에 없었던 거죠.

간혹 유별나게 기억력이 뛰어난 사람이나 말도 안 되는 집중력을 발휘하는 사람이 있어요. 이런 사람들은 어쩌면 멀고 먼 옛날 정글에서는 살아남지 못했을 수도 있다고 교수님은 말씀하셨습니다.

생존을 유지하기 위해서는 뇌에 쓸데없는 것을 둘 여유가 없습니다. 불필요한 것들을 잊어버리고, 주변이 신경 쓰여 불안해하며 진정하지 못하는 사람이 오래 살 수 있었어요. 사람들이 긴 시간 동안 집중력을 이어가기 힘든 것도 다 이유가 있었던 거죠. 집중을 하다 보면 언제 어떻게 공격을 당할지 모르니까요.

이 취재로 인간이 망각의 동물이 된 이유를 알게 되었고, '메모'가 얼마나 중요한지 다시 한번 생각할 수 있었습니다. 참으로 기억에 남는 취재였어요.

업무 지시를 받을 때는 반드시 '메모'를!

망각은 인간의 본능입니다. 그러니까 특별히 기록하거나 기억하지 않으면 새까맣게 잊을 수밖에 없어요. 여러분도 그런 적이 있겠지만, 방금까지 하려고 했던 걸 갑자기 잊어버리는 일이 생기곤 합니다. 퇴근길에 원두를 사가지고 가려 했는데 잊어버리고, 아이의 기저귀를 부탁받았는데 깜빡 잊고 사지 않는 등 말이죠. 인터넷으로 탄산수를 주문해야 하는데 까먹고, 식물에 물 주는 걸 잊어버리고….

사적으로 중요한 일을 새카맣게 잊었던 경험도 많을 거예요. 하지만 특히 업무와 관련된 일은 깜빡하면 큰일이 나죠. 예컨대 상사한테 업무 지시를 받았다고 합시다. 어떤 목적으로, 어떤 사람을 타깃으로, 어떤 발표 자료를, 언제까지 만들어달라는 부탁을 받았습니다. 하지만 제대로 '메모'해 두지 않으면 잊어버리기 십상이에요.

'어라, 며칠 몇 시까지였지? 뭔가 주의할 게 있었던 것 같은데…' 사회인이 되면 당연히 메모의 중요성을 알게 되는데, 그건 모두 망각 때문입니다. '이 정도면 기억하겠지'라고 생각해도 순식간에 잊어버려요. 그래서 반드시 '메모'를 해야 합니다. 회의할 때는 메모할 필기구나 노트북을 가져가 확실하게 '메모'해야 하죠. 메모를 소홀하게 생각했다가 나중에 다시 상사에게 물으면 신뢰를 잃을 수도 있어요. 만약 업무를 발주한 측이 고객이라면, 순식간에 불만의 말을 들을 수도 있죠.

'To-Do 리스트'에 넣어 깜빡하는 것을 방지한다

그리고 업무는 여러 가지가 뒤섞여 진행되기 때문에 언제까지 무엇을 할 것인지 항상 정리가 필요합니다. 그래서 플래너나 스케줄 관리 프로그램이 의미가 있는 것이겠지만, 그와 동시에 큰 효력을 갖는 것이 'To-Do 리스트'입니다. 해야 할 일을 리스트로 만들어 한 번에 볼 수 있게 하는 거죠. 그리고 완료한 것부터 하나씩 삭제하거나 리스트에서 제외합니다. 또 '이 일은 꼭 해야지'라고 생각한 것을 계속해서 리스트에 추가하고요. 그렇게 함으로써 업무 누락을 방지할 수 있어요. 특히 여러 가지 업무를 한꺼번에 받았을 때는 To-Do 리스트 작성이 필수입니다. 절대로 '다 기억할 수 있으니 괜찮아'라는 안일한 생각은 하지 않는 게 좋아요. 인간은 망각의 동물이니까요!

아시겠지만, 무언가를 잊어버리면 굉장히 난처해집니다. 덧붙여 저는 업무상 해야 할 일은 물론이고(업무를 계속 세분화해서 To-Do 리스트에 넣습니다.) 생필품 사기, 반려동물 산책시키기와 같은 개인적이고 사소한 일도 메모를 하는 편입니다. 이런 사소한 행동만으로도 건망증이나 스트레스가 사라집니다. 또한 업무 때문에 인터뷰를 할 때는 반드시 녹음을 하는데, 업무 발주나 회의 때도 마찬가지예요. 모든 내용을 다 메모할 수는 없으니 녹음을 하는 것이기도 하고요. 만약 메모하다 놓친 것이 있으면 녹음을 들으면 됩니다.

특히 먼저 처리해야 할 것에 집중하다 보면 나중에 할 일을 놓치기 쉬운데 이럴 때 녹음이 눈부신 존재감을 발휘한답니다. 녹음도 일종의 귀중한 '메모'입니다.

들은 것뿐만 아니라
본 것, 느낀 것도 메모한다

스마트폰이라는 편리한 '메모' 도구

인간이 망각의 동물임을 이해하셨다면, 인터넷에서 도움이 될 만한 뉴스를 발견하거나 일과 관련된 숫자나 에피소드를 봤을 때 미리 '메모'해 두는 것이 좋다는 걸 눈치채셨으리라 생각합니다. 스크린숏을 찍어도 좋고 사이트 링크를 자신의 메일로 보내는 것도 좋아요. 쓸 만한 정보를 노트에 메모해도 좋고요. 그것이 언제, 어디에 쓰일지 모릅니다. 글의 '소재'가 될 수도 있고 PPT로 쓰일지도 모르죠. 이런 정보들도 '메모'하지 않으면 틀림없이 잊어버릴 겁니다. '아, 그 자료가 있었지!'라는 생각조차 하지 못하고 깡그리 잊어버릴 수도 있어요. 사람이라면 누구나 그렇습니다. 그러니 꼭 '메모'하는 습관을 들이도록 합시다.

예전에는 '메모'가 귀찮기도 했습니다. 펜과 수첩, 노트 같은 필기구를 따로 챙겨야 했으니까요. 예를 들어 지하철역까지 가면서 무언가 떠올랐다고 해도 가방을 뒤적이며 펜과 노트를 꺼내야만 메모를 할 수 있었어요. 참 번거로웠죠.

저는 주말에 러닝을 하면서 여러 가지 아이디어나 글의 '소재'가 떠오르는 경우가 많은데(달리기라는 딴짓을 하게 하는 겁니다.) 펜과 노트를 갖고 뛸 수는 없는 노릇이라 메모를 하기가 힘들었어요. 하지만 지금은 온종일 몸에서 떨어지지 않는 것이 있습니다. 바로 스마트폰이죠. 한순간에 스마트폰을 켜서 '메모'할 수 있습니다. 도저히 안 쓸 수가 없어요.

앞서 수업 참관 에피소드를 말씀드렸죠? 이것 역시 스마트폰이 있었기 때문에 가능했다고 봅니다. 노트와 펜을 손에 쥐고 수업에 참관하는 것은 너무 호들갑 떠는 것 같잖아요.

녹음하고, 촬영하는 '메모' 방법

저는 스마트폰 메일의 초안에 제목을 붙이면서 메모를 합니다. 떠오른 아이디어는 해당 제목에 추가하고요. 어느 정도 글의 '소재'가 쌓이면 그대로 제 메일로 보냅니다. 이것이 그대로 제가 쓰는 글의 '소재'가 되는 거예요.

앞서 언급한 교수님은 녹음으로 '메모'를 남긴다고 하셨어요. 떠오른 내용을 스마트폰 보이스 메모에 기록하는 거죠. 보이스 메모는 텍스트를 입력할 필요가 없으니까 일반 메모보다 더 빠르게 기록할 수 있습니다. 단, 녹음한 데이터를 다시 들을 시간이 필요하기 때문에 그 점은 감안해야 해요(자동 문자 입력 앱도 있겠지만 손이 가는 건 마찬가지일 거예요).

또 스마트폰을 사용한 '메모'라고 하면 '사진'을 생각할 수도 있어요. 앞서 스크린숏을 언급했는데, 스마트폰으로 인터넷 검색을 한 다음 필요한 정보가 있으면 스크린숏을 쭉쭉 찍으면 됩니다. 그것도 일종의 훌륭한 '메모'예요. 이렇듯 <u>사진도 '메모'로 활용할 수 있습니다</u>. 예컨대 공장을 시찰하러 간다면 '무슨 공장인가, 공장의 역사는 어떠한가'에 대해 메모할 수도 있고, '규모, 직원 수' 등 숫자를 메모할 수도 있어요. 공장 근무자의 이야기를 메모할 수도 있죠. 사실, 숫자, 에피소드를 메모하는 것도 중요하지만, 사진을 찍어 두면 그건 그것대로 메모처럼 활용할 수 있습니다. 모든 '소재'를 텍스트로 남길 수는 없어요. 공장 외관의 특징에 대해서 텍스트 메모로만 가능할까요? 그보다 공장 외관을 촬영해 사진으로 남기는 건 어떨까요? 글을 쓸 때 사진을 보며 외관 특징에 대한 '소재'를 얻는 것이 텍스트로 남긴 메모를 보는 것보다 훨씬 더 효과적일 거예요.

실제로 취재를 나가면 저는 사진 촬영이 가능한 곳에서는 계속 사진을 찍습니다. 글자로는 도저히 '메모'하기 힘든 부분을 사진으로는 기록할 수 있으니까요. 시간이 지나면 기억을 끄집어내서 글을 쓰려고 해도 좀처럼 쓸 수가 없어요. 그래서 사진을 찍는 것이죠.

거래처 상황도 '메모'해서 일지를 남긴다

'메모'를 한다고 하면 대다수의 사람들은 '누군가가 이야기하는 것을 메모한다'고 생각하는 듯합니다. 이 또한 학교 교육의 영향이 아닐까 해요. 하지만 말하는 내용만 '메모'하는 것은 아닙니다. 앞서 언급했던 영업 일지를 생각해 보세요. 거래처 담당자가 우리 쪽 제안에 어떤 표정을 지었는지, 혹은 어떤 반응을 보였는지 모두 메모해 두는 것도 그럴 만한 가치가 있었잖아요.

상사에게 보고할 때 업무 미팅에 나온 사람이 어떤 인물이고, 어떤 모습이었는지를 전달한다면 이 역시 귀중한 영업 정보가 될 수 있습니다.

'제안에 대해 이야기하는 동안 계속 자료에 시선을 멈춘 채 제 쪽을 바라보지 않았습니다.'

'한 시간 약속이었는데 빨리 마쳐 30분 만에 헤어졌습니다.'

'전과 달리 외투를 벗고 거리낌 없이 응대해 주셨습니다.'

'처음 만난, 40대 초반으로 보이는 과장이 웃으며 인사하러 나왔습니다.'

이런 내용이 일지의 '소재'로 적혀 있다면 상사는 영업 상황을 더욱 면밀하게 이해할 수 있을 겁니다. 거래처의 이야기를 메모하는 것도 중요하지만 스스로 어떤 생각을 했는지도 '메모'해야 해요. 이 모든 것들이 글쓰기의 귀중한 '소재'가 될 테니까요!

오감을 사용하여 '메모'한다

경영자 인터뷰는 저의 소중한 업무 중 하나지만, 인터뷰라고 해도 경영자가 한 말만 원고의 내용, 즉 '소재'가 되는 것은 아닙니다. 저는 되도록이면 '오감'을 써서 메모하려고 해요. 예를 들면 인터뷰 장소인 응접실은 어떤 모습인지, 무슨 색의 어떤 카펫이 깔려 있는지, 소파의 색이나 형태, 어떤 도구가 놓여 있는지, 창문에서 보이는 경치나 테이블은 어떠한지, 테이블 위에는 무엇이 있는지, 전체적으로 어떤 분위기인지, 향기는 어떤지….

'이 모든 것들을 메모해서 어쩌려는 건가' 생각하실 수도 있겠지만, 경영자의 인터뷰 내용뿐 아니라 인터뷰가 진행된 장소까지 상세하게 기록하면 생생한 현장감을 느낄 수 있습니다. 예를 들어볼까요? 2022년 4월에 간행된 저의 저서 《아이들이 즐거워하는 학교를 만든다 子どもが面白がる学校を創る》의 머리말입니다.

히로시마현의 행정을 맡고 있는 히로시마 현청. 현교육위원회(현교위)로 들어가는 층 한쪽에 크기 30조* 정도의 교육장실이 있다. 입구로 들어가면 오른쪽 안쪽으로 큰 목제 책상이 있고 그 앞에는 열 명은 거뜬히 앉을 수 있는 대형 테이블이 놓여 있다.

---

* 조(畳): 다다미를 세는 단위이며, 면적을 나타낸다. 30조는 약 48.60㎡이다.

필자는 도쿄·가스미가세키(東京·霞が関)**에서 재무장관 등 장관들을 취재할 경험이 많았는데, 교육장실은 장관실과 매우 비슷하다. 그도 그럴 것이 교육장이나 장관 모두 굉장히 중요한 자리이기 때문에 그들의 사무 공간 역시 비슷할 수밖에 없을지도 모른다. 히로시마현에서 교육과 관련된 일을 하는 직원은 1만 6,000명을 넘는다. 현교육위원회교육장(이하 현교육장)이 통솔하는 것은 현청 중에서도 최대 규모의 조직인 것이다.

2018년 4월, 이 중요한 자리가 교체되어 큰 주목을 받았다. 그 이유는 현 밖의 인물인 데다가 민간 경영을 하는 49세 여성이 발탁되었기 때문이다.

이 책은 히로시마현의 현교육장이 된 민간 출신 여성의 교육 개혁에 관해서 쓴 논픽션인데, 저는 우선 현교육장이 얼마나 중요한지 알려주고 싶었습니다. 그래서 상징적으로 널찍한 교육장실을 쓴다는 걸 생각해 적었어요. 눈으로 보며 느낀 점을 '메모'해 두면 이렇게 '소재'로 사용할 수 있는 것이죠.

뒤에서도 말씀드리겠지만 리포트 같은 글은 독자가 글쓴이의 경험을 간접 체험할 수 있도록 쓰는 것이 가장 좋다고 생각합니다. 그

** 도쿄·가스미가세키(東京 · 霞が関): 일본의 주요 정부 부처와 국회가 위치한 곳이다. -편집자

렇게 하면 글쓴이가 놀랐던 부분, 감동한 부분 등이 읽는 이에게 똑같이 전해지거든요. 간접 체험을 할 수 있으려면 풍성한 '소재'가 필요해요. 그런 소재를 모으기 위해서는 오감을 사용하여 끊임없이 '메모'하는 것이 큰 의미가 있습니다.

'소재'만 있으면 글쓰기는 두렵지 않다

글은 백지상태에서 쓰는 것이 아닙니다. '소재'만 있으면 쓸 수 있어요. 그 '소재'를 잊지 않도록 '메모'부터 시작해 보세요!

이제 STEP2의 '쓰기 전'을 바꾼다는 의미를 이해하셨나요? '글이란 무엇인가, 글은 무엇으로 구성되고 어떻게 해야 잘 쓸 수 있나, 글을 쓰지 못하는 이유는 무엇인가'를 이해하면 글쓰기가 두렵지 않습니다. 우선은 '소재'를 의식하는 것이 중요하고, '소재'가 글을 만든다는 걸 이해하고 나면 비로소 '어떻게 쓸지', 즉 '글 쓰는 방법'으로 생각을 옮겨갈 수 있습니다.

STEP2
요약 정리

☑ 글은 '소재를 모으는 것'부터 시작한다.

☑ 소재란 사실, 숫자, 에피소드(코멘트·감상)이다.

☑ 소재의 양이 글의 양을 좌우한다.

☑ 설득력과 납득시키는 힘이 필요하다.

☑ 메모를 하지 않으면 글을 쓸 수 없다.

☑ 들은 것뿐만 아니라 본 것도 메모해야 한다.

STEP3

'쓰는 방법'을 바꾼다

- ✅ 우선은 '소재'를 고르는 것부터!
- ✅ 아무도 알려주지 않는 5가지 '쓰는 방법' 노하우
- ✅ 머릿속에서 '형용사' 삭제하기
- ✅ 글 읽기를 좋아하는 사람은 없다
- ✅ 최고의 트레이닝은 '읽기'

Point 16

'목적'과 '읽는 이'를 통해
필요한 소재를 모은다

소재를 모으는 것은 어렵지 않다

드디어 STEP3입니다! 이제부터는 글을 '쓰는 방법'을 가르쳐드
리겠습니다. 글 쓰는 방법을 배우기에 앞서, 먼저 의식해야 하는 것
은 아무런 준비 없이 글을 쓰면 안 된다는 것입니다. 제대로 준비를
하고 나서 글을 써야 막힘없이 술술 쓸 수 있어요.

앞서 글은 '소재'로 구성된다고 했습니다. 그러니까 글을 쓸 때
우선시해야 하는 것은 '소재'를 모으고, 고르는 것이에요. '소재'가
없으면 글을 쓸 수 없으니 '무엇을 쓸지(소재)'를 먼저 생각해 보는
것이 좋습니다. 어렵게 생각하지 마세요. '전달해야 하는 것과 전달
하고 싶은 것' 그 자체가 바로 소재이기 때문에 필요한 '소재'는 이
내 생각이 나기 마련입니다. 그리고 소재를 떠올리기 위해 명심해
야 할 것이 앞서 소개한 '목적'과 '읽는 이'예요.

비즈니스 글에는 반드시 '목적'이 있고, 주된 독자, 즉 '읽는 이'가 있습니다. 그 점을 의식하는 것만으로 '소재'를 고르는 것이 더 쉬워지죠. '목적'과 '읽는 이'를 고려했을 때 필요한 '소재'가 무엇인지 생각해 보세요. 예컨대, 메일을 작성하는 '목적'은 다음과 같습니다.

목적	
• 제안	• 연락
• 확인	• 상담
• 감사	• 사죄
• 보고	• 문의

한편, 메일을 받는 '읽는 이'는 다음과 같겠죠.

읽는 이	
• 상사	• 다른 부서의 사원
• 임원	• 개인 고객
• 거래처 담당자	• 신규 거래처 직원
• 동료	

'상사'에게 제안하는 것과 '거래처 담당자'에게 제안하는 것은 그 내용이 달라야 합니다. '동료'에게 확인하는 것과 '신규 거래처'에 확인하는 것 역시 내용이 달라야 할 테고요. 그 밖에도 '임원'에

게 보고하는 것과 '다른 부서 사원'에게 하는 보고를 보면 '소재'가 다양하다는 걸 알 수 있습니다. 목적이 같더라도 '읽는 이'가 바뀌면 필요한 '소재' 역시 바뀌죠. 우선, 이 '바뀐다'는 것을 제대로 이해하고 의식해야 해요.

'진짜 목적'과 '타깃'으로 '소재'를 모은다

앞서 '진짜 목적'에 대해 언급한 적이 있는데, 이는 '소재'를 모으는 데 큰 의미를 지닙니다. 단순한 목적에서 한 발짝 깊이 들어가 '진짜 목적'까지 생각하고, '진짜 목적'과 '읽는 이'를 조합한 다음 '소재'를 모으기 시작하면 한층 쉽게 모아지기 때문이에요. 사례를 한번 살펴볼까요?

- 글의 테마: 화장품

'화장품'이라는 테마만으로는 너무 막연합니다. 무엇을 써야 할지, 어떤 소재를 모아야 할지 좀처럼 알 수가 없어요. 여기서 한 걸음 더 나아가 '진짜 목적'을 확인해 볼까요?

- '알레르기 관련 정보'
- '5분 원포인트 레슨'
- '화장품의 효과'

'진짜 목적'을 생각해 보니 조금 더 구체적으로 와닿지 않나요? 하지만 여기서 멈추지 않고 '읽는 이'까지 고려하여 수정해 보는 건 어떨까요?

- '알레르기 관련 정보'를 '20대 여성 타깃으로'
- '5분 원포인트 레슨'을 '고등학생 타깃으로'
- '화장품의 효과'를 '중년 여성 타깃으로'

이렇게 수정하면 '소재'가 한층 더 구체적으로 그려지죠? 이런 식으로 글의 '진짜 목적'까지 파고든 다음, 거기에 '읽는 이'가 누구일지 상상하면 '소재' 모으기가 쉬워집니다. '소재'는 사실, 숫자, 에피소드라고 말씀드렸는데, 이렇게 '진짜 목적'과 '읽는 이'를 특정하면 당장 손에 쥔 자료나 데이터가 없어도 괜찮습니다. '목적'과 '읽는 이'를 힌트 삼아 인터넷으로 조사하거나 참고 문헌을 찾아볼 수도 있으니까요. 거꾸로 말하면, '소재' 모으기가 힘들다는 것은 '진짜 목적'과 '타깃'이 정리되지 않았거나, 구체적인 생각 없이 무턱대고 글을 쓰려 했기 때문일 거예요.

'자, 이제 써볼까?' 하며 컴퓨터로 향하기 전에 '진짜 목적'과 '읽는 이'를 확실히 생각해 두도록 합시다.

감사 메일, 출장 리포트,
연수 감상문, 보고서 쓰기

회식 '감사 메일'은 회식 현장에서부터 시작해야 한다

계속해서, 조금만 더 생각하면 '소재' 모으기가 쉽다는 이야기를 이어가겠습니다. 예를 들어 어떤 프로젝트가 끝나고 거래처 회식에 초대받아 임원이나 상사, 동료와 함께 참석했다고 합시다. 회식 후 감사 메일을 보낸다면 메일을 '읽는 이'인 상사, 임원, 거래처 담당자, 동료, 다른 부서 사원에게 모두 동일한 내용을 보내도 될까요?

아니겠지요? 임원에게는 이번 프로젝트를 맡겨 준 것에 대한 감사가 좋을 테고, 거래처 담당자에게는 거래처가 되어준 것에 대한 감사, 상사에게는 업무에 도움을 준 것에 대한 감사, 동료는 같이 힘내준 것에 대한 감사, 다른 부서 사원에게는 남몰래 지지해 준 것에 대한 감사 메일을 각각 보내는 것이 좋을 거예요.

그리고 감사 메일을 쓸 때는 한 가지 중요한 노하우가 있습니다.

그것은 **감사 메일 쓰기가 예견된다면, '소재 모으기'는 '감사의 대상이 되는 상황', 즉 이 경우에는 회식 때부터 시작되어야 한다는 것입니다.** 회식에 초대해 준 거래처 담당자에게 '어제는 감사했습니다'라는 평범한 문장으로 감사를 표한다면 과연 그 마음이 통할까요? 누구든지 할 수 있는 말이라 전혀 마음이 전해지지 않을 겁니다. 그래서 어떻게든 다른 말을 써보려고 책상 앞에서 끙끙 앓게 될 거예요. 하지만 결국 적당한 문장을 찾아낼 수 없겠죠.

그래서 꼭 실천해야 하는 것이 앞서 소개한 '소재'를 '메모'하는 것입니다. 회식 후 그에 대한 감사 메일을 보낼 예정이었으니 회식 장소에서부터 '소재' 준비를 시작하는 거예요. 미리 안테나를 세워 감사 메일에 들어갈 내용을 조금씩 찾아 두는 겁니다.

어젯밤엔 감사했습니다.

OO 씨의 입사 3년 차 시절 상사에게 들었던 에피소드가 굉장히 인상 깊게 마음속에 남았습니다.

'반드시 누군가는 내가 한 일에 고마움을 느낀다.'

저도 이 말을 격려 삼아 앞으로도 열심히 하겠습니다.

회식이 한창일 때, 거래처 담당자가 젊은 시절 들었던 좋은 말을 전하는 경우가 종종 있습니다. 또 프로젝트를 진행하면서 어떤 상황이 가장 기뻤는지 얘기하는 경우도 있죠. 회식 장소를 이 가게로 한 이유라든지, 얼마나 이 가게가 마음에 드는지 등을 말하기도 합니다. 그 장소에서만 얻을 수 있는 '소재'가 감사 메일에 하나 들어가는 것만으로 '읽는 이'가 받아들이는 감상은 완전히 달라집니다.

어떤가요? 이런 문구가 메일에 살짝 들어가는 것뿐인데 형식적인 메일과는 확 달라진 느낌이 들지 않나요? 이렇게 글쓴이만 쓸 수 있는, 진심이 담긴 감사 메일을 작성할 수 있습니다. 게다가 화려한 테크닉으로 글을 쓰는 것이 아니에요. '사실', '숫자', '에피소드'라는 '소재'를 그대로 쓴 것뿐인데 글이 180도 달라지는 거죠. 심지어 번거롭지도 않아요.

그래서 회식 현장에서부터 감사 메일을 생각하고 '사실', '숫자', '에피소드'라는 '소재'를 모아두는 것이 아주 중요합니다. 잊지 않기 위해 '메모'를 하면서 말이에요. 물론 회식 중 노골적으로 메모를 하면 흥이 깨질 수 있으니 '이거 좋은 얘기인데?'라는 생각이 들 때 화장실에 가서 후딱 메모를 하고 돌아옵니다. 감사 메일은 두세 개의 '소재'만 있어도 충분해요. 그것만으로도 다음 날 쓸 감사 메일은 평범한 메일과는 전혀 다른 것이 될 겁니다. 그리고 눈 깜짝할 사이에 메일 한 통을 쓸 수 있겠죠.

'출장 리포트'를 단시간에 쓰기 위해서는 어떻게 해야 할까?

출장 역시 리포트 제출이 예정된 일입니다. 그러므로 '소재' 모으기는 출장을 떠나는 시점부터 시작해야 해요. 그렇지 않으면 회사에 돌아와 자리에 앉아도 쓸 내용이 생각나지 않을 겁니다. 앞서 언급했던 일지 작성과 같은 상황이 생기는 거죠. 그래서 '소재'를 메모해 두면 여러 모로 좋습니다. 소재 자체가 그대로 리포트용 글이될 테니까요. 그리고 또 한 가지, 리포트에 필요한 '소재'는 '진짜 목적'과 '읽는 이'에 따라 달라진다는 것도 중요합니다. 반대로 말하면 '진짜 목적'과 '읽는 이'를 염두에 두면 필요한 '소재'가 무엇인지에 집중할 수 있다는 얘기지요.

다음의 공장 시찰 리포트를 예로 들어볼까요? '진짜 목적'과 '읽는 이'에 따라서 필요한 '소재'는 다양하게 바뀔 거예요. 만약 출장을 가기 전에 '진짜 목적'과 '읽는 이'를 미리 생각하며 '소재'에 대해 조금이라도 머리를 굴린다면, 출장지 공장에서 적확한 '소재'를 재빠르게 손에 넣을 수 있습니다. 필요한 '소재'를 보고 듣고 확인하여 '메모'만 하면 되는 것이죠.

진짜 목적: 공장 현황에 대해서 부서 동료들에게 공유하기

읽는 이: 동료

소재:

· 공장 개요(크기, 생산량 등)

· 외관이나 입구 등의 분위기

· 강점과 과제

· 생산 라인에서 일하고 있는 사람들의 피드백 의견

진짜 목적: 공장의 개선점에 대하여 상사에게 보고하기

읽는 이: 상사

소재:

· 생산량이나 생산비 등 수치상 현황

· 현장의 과제

· 과제 개선 방법, 현장의 의견

· 라인 장이나 관리자의 피드백 의견

진짜 목적: 공장 재건축에 대해 임원에게 보고하기

읽는 이: 임원

소재:

· 공장을 닫았을 때 생기는 결과

· 재건축 즈음하여 필요한 절차

· 앞으로 개선해야 할 점

· 공장장의 피드백 의견

이러한 메모는 글쓰기를 직업으로 삼고 있는 제가 실제로 실천하는 것이기도 합니다. '소재'는 현장에 있기 때문에 반드시 현장에서 손에 넣어야 해요. 나중에 책상 앞에서 아무리 머리를 굴려도 현장에서 봤던 '소재'는 생각나지 않을 테니까요. 회식 장소에서의 '감사'도 마찬가지예요. 글쓰기가 예비되어 있는 일이라면 일찌감치 준비하는 것이 '소재' 모으기에 큰 도움이 됩니다. 그러면 나중에 생길 골칫거리가 깨끗이 사라질 거예요.

'연수 감상문'도 '소재'를 메모하는 것부터 시작한다

또 한 가지 예를 들겠습니다. 연수나 강연, 세미나에 참석한 다음, 회사나 상사에게 감상문이나 보고서를 제출해야 하는 경우가 있을 거예요. 이때 '무엇을 쓸지 모르겠다', '쓸 말이 없어서 못 쓰겠다'는 생각을 하는 사람들이 결코 적지 않습니다.

어째서 그런 걸까요? 그 답은 매우 간단합니다. 연수나 강연이 한창일 때 글의 '소재'가 되는 '메모'를 제대로 하지 않았기 때문이죠. '감상문'이라고 하면 감상만 쓰는 거라 착각하는 사람들이 있습니다. 예전에 글쓰기가 서툴렀던 제가 그랬어요. 어렸을 때 독후감을 정말 싫어했습니다. 책을 읽고 원고용지 2매에 걸쳐 감상을 쓰는 게 너무 힘들었거든요. 책에 대한 감상 자체가 그렇게 많지 않아서 쓸 수 없기도 했죠. 빈칸을 어떻게 다 채울지 고민하다가 결국 줄거리로 빈칸을 채우며 고통의 시간을 보냈습니다.

사실 독후감도 '읽는 이'를 상상하면 무엇을 써야 좋을지가 보입니다. 독후감을 읽는 사람은 선생님이지만 선생님이 그 책의 내용을 자세하게 알고 계실 거라 단정 지을 수는 없죠. 따라서 감상만 줄줄이 늘어놓으면 선생님은 오히려 무슨 말인지 알기 힘들 거예요. 그래서 독후감에는 책의 내용을 적는 것도 필요합니다. **어떤 내용이 적혀 있고 그것에 대해 느낀 바가 무엇인지를 기술하는 것.** 이것이 바로 감상문입니다.

'내용과 감상'을 세트로 메모해 둔다

연수나 강연, 세미나의 감상문도 동일합니다. 어떤 연수를 받았는지, 어떤 강연이었는지, 그 내용을 모르면 감상문을 읽는 상사는 무슨 얘기인지 모를 거예요. 그러므로 무엇을 배웠고 그것에 대해 어떻게 느꼈다는 '내용과 감상'을 세트로 써야 합니다. 내용에 감상을 얹는 것이죠. 그래서 연수나 강연, 세미나에서는 반드시 해야 할 일이 있어요. '이건 감상문에 쓸 만하겠다'는 내용이 들리거나 보이면 확실히 메모해 두는 것이죠. 그 메모가 그대로 글의 '소재'가 되니까요. '자신의 감정'까지 같이 메모해 두는 거예요.

- 무엇을 느꼈는가?
- 무엇을 배웠는가?
- 무엇에 놀랐는가?
- 무엇을 하고 싶다고 생각했는가?

여러 번 반복하지만, 메모를 하지 않으면 막상 글을 쓸 때 '소재'를 떠올리기가 힘듭니다. 하물며 당시에 어떤 기분이었는지는 더더욱 기억해 낼 수 없어요. 그래서 정작 글을 쓸 단계가 되면 '어라, 쓸 게 없네!'와 같은 상황이 발생하게 됩니다. 예를 들어 강사가 눈앞에서 인상적인 일화를 이야기하고 있다 칩시다. 그것이 '소재'가 될 거라 생각한다면, 그 내용을 메모함과 동시에 그에 대해 어떻게 생각하는지도 같이 메모를 하는 거예요. 어떤 이야기를 듣고 어떻게 생각했는지를 모두 써 두는 것이죠.

들은 것만 '소재'가 되지는 않습니다. 본 것도 '소재'가 될 수 있어요. PPT에 들어간 그래프, 강사로서 책임을 다하는 아름다운 모습, 배부한 자료의 높은 정밀도 등등…. 보면서 '이거 굉장하네!'라고 느낀 것들을 체크해서 메모해 두는 것이 좋습니다. 그리고 글을 쓸 때는 메모를 보며 내용에 감상을 붙여갑니다. 내용이 있고 그에 대한 감상이 있으니까 글을 쓰면서 당황할 일이 없을 거예요. 일정한 분량 역시 얻을 수 있을 거고요. 메모라는 '소재'가 넉넉하게 있으니 '쓸게 없다', '좀처럼 써지지 않는다'는 생각 자체를 할 필요가 없는 거죠. 이렇게 작성한 글을 그대로 상사나 동료에게 보고한다는 각오로 메모하면 좋습니다. 누군가에게 보고해야 한다고 생각하면 '무엇을 전할지'와 '소재'를 자연스레 의식하게 될 테니까요.

시간을 들여야 하는
'소재'도 있다

현장에서 '소재'를 손에 넣을 수 없는 경우

회식이나 출장, 연수 등은 그 자리에서 '소재'를 손에 넣을 수 있지만, 글의 종류에 따라서 그렇지 않은 경우도 있습니다. 전형적인 예로, 사내보에 게재되는 에세이를 들 수 있는데요. 사내보용 에세이의 '소재'는 외부가 아닌, 내 머릿속에 있기 때문입니다.

외부 소재와 내부 소재의 차이점은, 외부의 '소재'는 현장에서 보고 들은 것을 '메모'만 하면 되지만, 내부 소재, 즉 **머릿속에 있는 '소재'는 모으는 데 나름의 시간이 걸립니다.** 머릿속에서 바로, 쭉쭉 '소재'가 나오는 게 아니니까요.

예를 들어 글의 '진짜 목적'이 '학창시절에 열중했던 일'이라고 해봅시다. 과거 이야기가 바로 술술 생각난다면 좋겠지만, 사실 그러기가 쉽지 않습니다. 게다가 분량을 어느 정도 채워야 한다면 더욱 그렇죠. 사내보 에세이 때문에 곤란하다는 말이 자주 들리는 이유는 마감 직전까지 아무것도 쓰지 못하고 마감 날짜가 닥쳐서야 글을 쓰려고 하기 때문입니다. 결국 밤을 새워서 억지로 글을 쓰게 되는 것이죠. 마감 직전에 글을 쓰면 당연히 '소재'는 준비되어 있지 않을 거예요. 이렇게 해서는 글 쓰기가 정말 곤란합니다. 그렇다면 어떻게 해야 좋을까요?

시간을 들여 '소재'를 만들어내야 합니다. 일단 사내보 에세이는 '3일 후에 당장 원고를 주세요'와 같이 급박한 일정으로 글을 써달라고 요청하지는 않을 거예요. 그러니 가령 일주일의 여유가 있다고 한다면 4~5일 정도는 '소재'를 모으는 데 집중합니다. 말은 이렇게 했지만, 하루 종일 머리를 싸매고 '소재'를 쥐어짜 낼 필요는 없어요. 앞에서 언급했듯이 인간의 뇌는 딴짓을 할 때 오히려 알아서 답을 내놓으니까요. 다만 떠오른 아이디어를 놓치지 않기가 꽤 어렵다는 단점이 있으니 주의해야 해요. 뇌의 신경을 다른 쪽으로 돌리면 아이디어가 확 떠오르기도 하지만, 어느 정도의 시간이 걸릴 거라는 각오도 가끔은 필요합니다.

'학창시절에 열중했던 일'도 그래요. 바로 떠오르는 에피소드가 있는 반면, 기억 저편에 잠자고 있는 좋은 에피소드도 있을 거예요. 실제로, 역까지 걸어가는 중이나 지하철에서 멍하니 광고를 보고 있을 때, 혹은 회사 엘리베이터 버튼을 누르는 순간이나 휴식 시간에 화장실에 들르려고 할 때 갑자기 소재가 떠오르기도 합니다. 그

때 확실히 캐치해서 '메모'해 두어야 해요. 그렇게 시간을 들여 '소재'를 하나씩 모으는 것이죠.

'소재'를 늘려가는 '1인 브레인스토밍'

앞서 말했듯이 저는 카테고리를 분류해 놓은 스마트폰 메일 초안에 그때그때 떠오르는 '소재'를 계속 메모합니다. 정성껏 쓰지 않아도, 랜덤이라도 상관없어요. 그렇게 써놓은 '소재'는 글을 쓸 때 그대로 사용할 수 있답니다. 또 소재가 몇 가지 생각나면, 이동 중에 새삼 메일 초안을 열어 읽어보기도 합니다. 소재들을 바라보다 보면 그것이 방아쇠나 도화선이 되어 또 다른 '소재'가 떠오르기도 하니까요. 저는 이걸 '1인 브레인스토밍'이라고 부릅니다. 뇌가 방심할 때 아이디어가 나온다고 했지만, 한 가지 더 획기적인 방법을 배운 것은 어느 저명한 아티스트를 취재했을 때였습니다.

예술가니까 그야말로 아틀리에에서 혼자 머리를 싸매며 아이디어를 낼 거라고 생각했는데 그분에게서 돌아온 답은 '아니요'였습니다. 아이디어는 스태프와 커뮤니케이션하는 과정에서 떠오른다고 하더군요. 이런저런 주제의 이야기부터 잡담까지, 다양한 이야기를 하다 보면 무언가가 방아쇠가 되어 뇌의 안쪽 깊이 잠들어 있는 아이디어가 튀어나온다고 하더라고요. 일리가 있었습니다. 아이디어 회의라고 부르는 브레인스토밍을 하는 회사도 있지만, 다양한 말이나 힌트가 뇌에 자극을 주어 번뜩! 생각나는 아이디어도 있기 마련이잖아요.

하지만 저는 프리랜서라서 항상 혼자이기에 브레인스토밍을 할 상대가 없습니다. 그래서 생각해낸 것이 '1인 브레인스토밍'이었어요. 스스로 낸 아이디어나 '소재'를 보면서 그것을 도화선 삼아 또 다른 아이디어나 '소재'를 생각해 보기로 한 거죠. 이 책도 그렇지만 제가 쓰는 책 대다수는 '1인 브레인스토밍'으로 구성 요소를 생각해 낸 것들입니다.

책은 50개 정도의 카테고리로 구성되는 경우가 많은데(카테고리 1개당 2,000자를 쓰면 10만 자짜리 책 한 권이 완성됩니다.) 그 카테고리들은 절대로 단숨에 떠오르지 않아요. 그래서 시간을 들여 떠올리는 것이죠. 그리고 카테고리가 어느 정도 구성되면 그것을 되돌아보는 사이에 또 다른 카테고리가 떠오르기도 합니다. 이것이 바로 '1인 브레인스토밍'이에요. 그렇게 글의 '소재'를 넓혀가는 겁니다.

대략 50개의 카테고리가 나오면 그것을 정리하는 것은 책상 앞, 컴퓨터 앞입니다. 정리를 하면서 어떤 방식으로 글을 쓸지 생각합니다. 사실 50개의 카테고리가 다 만들어진 다음에도 각 항목의 구체적인 내용, 즉 '소재'는 다시 '1인 브레인스토밍'으로 만들어내야 합니다. 저의 경우, 머릿속에 있는 '소재'는 대부분 책상 앞에서 나오지 않습니다. 지하철에서 만들어지는 것이 아주 많아요. 역까지 걸을 때나 지하철을 타고 있을 때 소재가 잘 떠오르더라고요.

'소재'를 만들고 모으는 것에 시간을 들인다

사내보 에세이를 예로 들었는데, 당장 작성해야 하는 글이 아니라면 '소재'는 시간을 들여서 차곡차곡 누적하는 것이 좋습니다. 그 과정에서 더 많은 것들이 떠오르기도 하고요. '소재'가 충실하다면 그만큼 글도 충실해질 테니까요. '제안서'도 그중 하나입니다. 중요한 프로젝트를 제안하는 글이라면 시간을 들이는 것이 아무래도 좋겠죠. 그런데 제안서 제출일 직전이 되어서야 컴퓨터로 향한다면 앞서 언급했던 사내보 에세이처럼 한 글자도 써낼 수 없을 거예요. '소재'가 준비되지 않았으니까요. 밥을 지어야 하는데 쌀이 없는 거나 마찬가지죠.

제안서에서 가장 중요한 것은 '얼마나 설득력을 갖추었는가'입니다. 설득력이라는 것은 다양한 근거나 데이터, 팩트가 요구되죠. 바로 이것이 제안서의 '소재', 즉 사실, 숫자, 에피소드라고 할 수 있습니다. 설득을 위한 '소재'는 시간을 들일수록 충실해진다는 것을 따로 말할 필요는 없을 거예요. '소재'를 한 번에 만들어내려고 하기보다는 며칠 걸릴 각오로 뇌를 방심하게 하면서 '1인 브레인스토밍'을 활용해 조금씩 누적하는 것이 좋습니다.

그 밖에도 시간을 들여 '소재'를 만드는 게 좋은 경우가 있습니다. 급하지는 않지만 중요한 메일도 그중 하나일 텐데요. 중요한 부탁을 하는 메일, 사죄 메일 등은 차분히 시간을 들여서 마주하는 것이 좋습니다. 그러면 '아, 이것도 써 두자', '이런 사람도 넣어 두면 좋겠다' 등등 다양한 소재가 떠오를 겁니다. **글을 쓰는 데 시간을 들이는 것이 아닌, '소재'를 생각하는 데 시간을 들이는 것이죠.**

프레젠테이션을 위한 자료도 마찬가지고 기획서도 동일합니다. 기고를 요구하는 원고도 그렇고요. 외부 소재가 아닌, 내 머릿속에서 꺼내야 하는 내부 소재는 시간을 들여서 끄집어내는 것이 중요합니다. 그리고 가능한 한 많이 끄집어내려고 노력해야 해요. 소재만 제대로 갖추어진다면 써내지 못할 것은 없습니다. 이미 준비가 되어 있으니까요.

말하듯 전하면 된다

말하는 것도 쓰는 것도, 똑같은 커뮤니케이션이다

감사 메일, 출장 리포트, 연수 감상문이나 사내보 에세이 모두 의식적으로 '소재'를 모으는 것이 매우 중요하다는 것을 이해하셨을 거라 생각합니다. 그럼, 이 소재를 '어떻게' 글로 만드는지 알아볼까요?

무엇보다도 절대로 해선 안 되는 것은 어린 시절에 배웠던 기승전결 등의 '구조'에 얽매이는 것입니다. 그 시절에 배웠던 기승전결은 이야기를 쓰기 위한 일종의 포맷일 뿐이에요. 이야기는 업무에 필요한 글과는 전혀 다르죠. 기승전결에 따라서 쓴 글은 결론이 마지막에 나오므로 비즈니스 글로는 전혀 적합하지 않다고 생각해야 합니다.

실제 예를 한번 들어볼까요? 거래처 거래 현황이 어떤지를 상사에게 구두 보고할 때, 기승전결 방식으로 말하는 사람은 없을 겁니다. 그렇게 하면 상사의 짜증을 듣게 될 거예요. 아무리 기다려도 결론이 나오지 않으니까요. 그래서 우선, '잘되고 있습니다' 또는 '상황이 좀 안 좋습니다'와 같은 말을 먼저 한 다음 그 이유를 제시하는 것이 좋습니다. 업무용 글은 기본적으로 결론을 먼저 언급한다고 생각하면 돼요. '결론'을 말한 후에 뒷받침되는 근거로 읽는 이를 납득시키거나 설득하면 되는 거죠.

앞서 말했듯 글은 커뮤니케이션의 도구일 뿐입니다. 중요한 것은 '전달하려던 내용이 상대방에게 제대로 전해지는가'예요. 상대방에게 전할 내용을 말로 했느냐, 글로 썼느냐의 차이일 뿐이죠. '글'이라고 해서 특별하다고 생각할 필요가 없습니다.

말로 한다면 어떻게 전달할 것인가?

글의 알맹이인 '소재'는 이미 준비되어 있으므로 그다음은 소재를 '어떻게 글로 만들지'가 관건이겠지요? 저는 아주 단순하게 생각합니다. 만약 '말'로 소재를 전한다면 어떻게 할 것인지를 먼저 생각해 보면 쉬워요. 실제로 저는 항상 이렇게 하고 있습니다. '진짜 목적'을 확인하여 '읽는 이'를 가정한 다음, 만약 말로 한다면 어떤 순서로 '소재'를 사용할지 생각하죠. 글의 구성이나 전개를 고려할 때 '논리적으로'라는 말을 사용하기도 하는데, 저는 군이 논리를 따지며 어렵게 생각할 필요가 없다고 봐요. 그리고 생각보다 많은 사람들이 '자연스럽게 논리적으로' 생각합니다. 누군가에게 말을 할 때도 당연히 그래요.

대학 동창이 눈앞에 앉아 있다 치고 지금 자신이 속한 업계가 어떤 상황인지를 설명한다고 해봅시다. 자연히 전달할 내용의 순서를 잘 정리해서 '논리적으로' 이야기하게 되지 않을까요? 상대가 구직 활동 중인 대학생으로 바뀐다고 해도 말의 내용이나 순서를 바꿔가며 전달하고자 하는 내용을 잘 전할 거예요. 또 나이가 지긋하신 아버지께 동일한 내용을 말씀드린다면, 또는 업계 상황을 전혀 모르시는 어머니께 같은 내용을 말씀드린다면, 심지어 중학생인 친척에게 이야기를 해준다면, 역시 상대방에게 맞춰 말하는 내용이나 순서를 바꿀 겁니다.

사람은 예상 외로 굉장히 '논리적으로' 이야기할 수 있습니다. 어렵게 생각하지 않아도 눈앞에 상대가 나타나면 자연스레 상대방에게 맞춰서 이야기 구성을 바꿀 거예요. 반대로 말하면, 그렇기 때문에 '읽는 이'를 가정하는 것이 정말 중요하다고 할 수 있습니다.

'읽는 이'를 가정하면 할수록 더욱 논리적으로 말할 수 있다

이번에는 업무 관련 이야기를 한다고 해봅시다. 눈앞에 있는 사람이 회사 동료인지 고등학교 친구인지에 따라 말하는 방법은 달라질 거예요. 동료는 회사나 업무에 대해 어느 정도 이해하고 있으니까 그 부분을 자세히 설명할 필요가 없겠지만 고등학교 친구는 기본 지식이 없기 때문에 이야기의 배경까지 세세히 알려줘야겠죠.

또 나이가 있는 분인지 어린이인지, 아이를 키우는 여성인지, 독신 남성인지, 같은 업계 사람인지 아닌지, 말을 듣는 대상에 따라서 이야기의 내용과 순서가 달라질 겁니다.

'읽는 이'도 똑같이 생각하면 돼요. 읽는 이를 구체적으로 가정하면 할수록 '논리적인' 표현이 가능해집니다. 그래서 '읽는 이'를 정확하게 예측하고, 가능한 한 구체적으로 상상해야 합니다. 그리고 글로 써서 전달해야 한다며 어깨에 힘을 줄 필요가 없습니다. 몇 번이고 말씀드리지만 말과 글 전부 커뮤니케이션 도구라는 면에서 동일하다고 할 수 있어요. 핵심은 '전해야 하는 내용이 제대로 전해지기만 하면 되는 것'이니까요. 글을 쓴다고 억지로 구성을 생각하기보다는 말로 전한다고 편하게 생각하는 것이 더 간단합니다. 말을 한다고 생각하며 '소재'를 보고 글을 쓰면 글쓰기가 생각보다 어렵지 않다는 것을 느끼게 될 거예요.

'화살표 메모'로
'소재'를 '시각화'한다

순서를 나타내는 '화살표 메모'를 만든다

'뭐야, 글도 그냥 말하듯이 쓰면 되겠네!' 이 사실을 알게 된 것은 카피라이터 일을 시작하고 한참이 지났을 무렵이었습니다. 그때부터 글을 쓰는 속도가 급속히 빨라졌는데, 당시에 자주 했던 일이 있어요. 사실 지금까지도 자주 하는 행동인데, 그건 바로 '화살표 메모'를 만드는 겁니다.

'논리적으로' 말을 하려 하면 곧잘 '이렇게 해서 이렇게 해서 이렇게', 즉 서술 순서를 생각하지 않나요? 이와 같이 전체적인 순서를 생각해서 전개하고, 읽는 이를 설득할 수 있도록 글을 만들어가면 됩니다. 이것을 메모로 옮긴 것이 '화살표 메모'인데요. 글의 '소재'를 순서에 따라 구분하면서 화살표를 써서 생각하는 거예요. 그리고 그 순서를 머릿속으로 상상만 하기보다 문자로 적으면 글을 한결 빠르게 쓸 수 있습니다.

어려울 게 없어요. 우선 쓸 내용, 즉 글의 '소재'를 모았다면 어떤 흐름으로 이야기해야 좋을지 '진짜 목적'과 '읽는 이'를 상상하며 큰 스토리를 만들어 갑니다. 이것이 글의 '구성'입니다. 그리고 그 내용을 어떤 흐름으로 전할지, '서술 순서'를 생각해 보는 거예요. 그걸 그대로 문자로 적는 거죠. 예컨대 이 책을 소개하는 글을 쓴다고 하면 다음과 같은 '화살표 메모'를 만들 수 있습니다.

비즈니스 문서를 술술 쓰지 못하고 고통받는 사람이 많다.

하지만 그것은 비즈니스 문서 쓰기를 배운 적이 없기 때문이다.

심지어 초등학교 때 배웠던 작문에 얽매여 있다.

나도 처음부터 글을 잘 쓴 것은 아니지만, 지금은 잘 쓰게 되었다.

중요한 것은 '쓰는 방법'이 아닌 '소재'이다.

누구나 글을 술술 쓸 수 있는 방법을 알려주고 싶다.

이런 식으로 우선 '소재'를 생각하며 큰 틀을 구성한 다음, 말로 전한다면 어떻게 할지 '서술 순서'를 만들어보는 겁니다. 그리고 각각의 카테고리, 즉 모아둔 '소재'를 짜 넣어 살을 붙여가는 것이죠. 반대로 큰 틀의 '구성'이 완성되지 않은 상태에서 글을 쓰기 시작하면 곤란해집니다. '소재'가 정리되지 않으면 어디에 무엇을 쓰는 게 좋을지 감을 잡기 힘드니까요.

글의 분량은 '소재'의 양과 같다

큰 틀의 '구성'을 어떻게 잡아야 할지 어렵게 생각할 필요가 없어요. 반복하여 말씀드리지만, 만약 말로 전해야 한다면 어떨지를 생각해 보면 의외로 해결의 실마리를 쉽게 찾을 수 있습니다. 누구나 무리 없이 큰 틀의 이야기를 그려낼 수 있을 거예요. 그리고 큰 틀에 맞춰 '소재'를 끼워 넣으면 되는 거죠. 한 가지 예를 더 들어보겠습니다. 센다이(仙台) 지역에 있는 거래처의 거래가 줄고 있는 상황에서 다음과 같은 '화살표 메모'를 먼저 만들어 보는 거예요.

출장 리포트

센다이에 있는 거래처의 거래가 줄고 있다.

직접 가서 이야기를 들어보니,
우리 회사 제품의 가격 경쟁력이 약화되고 있다고 한다.

당사와 거래 시 어떤 이점이 있는지 다시 전했다.

가격 면에서 논의가 필요할 수 있다.

방문 자체는 긍정적으로 받아들여졌기에 관계를 계속 이어나가고 싶다.

제안서

재택근무를 하는 사람이 늘어나고 있다.

자택에서도 사무실과 같은 환경으로 일하고 싶다.

책상, 인터넷 환경의 정비가 필요하다는 것은 쉽게 알 수 있다.

업무에 사용하는 협업 툴(tool)까지는 생각이 미치지 못할 수 있다.

재택근무 시 업무 효율이 높은 협업 툴이 있다면 제안해 보자.

중요한 것은 다소 번거롭더라도 큰 구성을 먼저 짜두는 것입니다. 약간의 수고가 큰 효과를 가져오기 때문이죠. 그러고 나서 큰 틀의 구성에 '소재'를 끼워 넣는데, 살을 붙일 수 있는 '소재'가 많을수록 글은 길어집니다. '소재'를 얼마나 담는지에 따라서 글을 길게 만들 수도 있고, 짧게 만들 수도 있어요.

'항목 쓰기'를 적극 활용하면 글이 술술 써진다

비즈니스 글에서는 적극적으로 '항목 쓰기'를 활용하면 좋습니다. 글이라고 해서 무엇이든 하나로 정리해야 하는 것은 아니에요. 가장 중요한 것은 '전할 내용을 전하는 것', 그리고 읽는 이가 이해하기 쉽도록 '최대한 간결하게 전달하는 것'이죠. 글로 써야 한다고 '또한'이나 '게다가'를 여러 번 써서 줄줄이 긴 문장을 만드는 것은 주객전도나 마찬가지예요. 다시 한번 말씀드리지만 '목적'은 '글'을 쓰는 게 아닙니다. '필요한 내용을 상대에게 전하는 것'이에요.

【예시 1】

A회사에서 11월 말로 납기를 앞당길 수 있는지 문의했습니다. 또한 예정된 기한을 당길 수 있다면 인원을 몇 명 정도 보충해야 하는지도 알고 싶다고 합니다. 게다가 그런 경우에는 추가 비용이 얼마나 드는지도 물어봤습니다. 기술 팀의 견해를 알려주십시오.

【예시 2】

오늘 미팅에서 A회사로부터 이하 3건의 문의가 있었기에 기술 팀의 의견을 구합니다.

- 납기를 11월로 앞당길 수 있는가?
- 당길 수 있다면 보충 인원은 몇 명이 필요한가?
- 인원을 보충한다면 추가 비용은 얼마나 드는가?

메일은 특히 빠르게 전달되어야 하므로 항목 쓰기를 잘 활용하면 굉장히 효과적입니다. 위의 두 예시는 고객의 요청을 관련 부서에 전하기 위한 메일인데, 여러분이 보시기에 어느 쪽이 '읽는 이'가 이해하기 쉬울 것 같나요?

하나의 긴 글 대신 [예시 2]처럼 항목 쓰기를 하면, 상대가 한눈에 보고 '대답해야 할 것이 세 가지'임을 알 수 있습니다. 이렇게 하면 내용이 누락되는 것도 막을 수 있어요.

반대로, [예시 1]과 같이 접속사로 여러 가지 항목을 연결하면 '읽는 이'가 해야 할 일이 무엇인지 알기가 쉽지 않습니다. 감사 메일이나 사과 메일에 사무적인 느낌을 주는 항목 쓰기를 활용하는 것은 적절하지 않지만 보고, 연락, 상담과 관련된 글에는 적극적으로 활용해도 좋아요. 리포트, 보고서 등에도 얼마든지 활용할 수 있고요.

항목 쓰기를 하지 않아도 '1, 2, 3' 등의 숫자를 붙이거나 '이 문제에는 세 가지 배경이 있습니다'라고 먼저 언급한 다음, '우선 첫 번째는, 다음 두 번째는, 그리고 세 번째는…' 식의 전개를 하는 것도 좋습니다. 모아놓은 '소재' 중에 항목 쓰기에 적합한 것들이 있다면 이 방식을 활용해 보세요. 비즈니스 글에서 내용을 전달하기에 아주 효과적인 방식이니까요.

쓰는 것도
'말하는 느낌'이면 된다

'읽는 이'를 의식한 머리말을 쓴다

'소재'를 제대로 모으고 순서에 따른 큰 틀의 '구성'을 만들었다면 글의 절반은 완성되었다고 할 수 있습니다. '구성'에 '소재'를 덧붙이기만 하면 글을 만들 수 있으니까요. 많은 사람들이 글쓰기가 망설여진다는 말을 하는데, 저는 긴 글을 쓰는 일을 하며 터득한 노하우가 한 가지 있습니다. 그건 '무엇을 위한 글인가?', '가장 읽었으면 하는 사람이 누구인가?'를 강하게 의식하며 머리말을 쓰는 겁니다. 이미 여러 번 언급했지만, 글에서 중요한 것은 '목적'과 '읽는 이'예요. 이를 유념해야 머리말 쓰기가 쉬워집니다. 만약 새로운 프로젝트를 상사에게 제안한다면 아래와 같은 장점을 어필할 수 있을 거예요.

'이 프로젝트가 회사의 문제를 한 번에 해결한다.'

'정체된 사내 분위기를 단숨에 활성화한다.'

'일상적인 관리상의 어려움을 해결한다.'

이와 같은, 제안이 실현됐을 때의 매력적인 점을 앞부분에 쓰는 것이 좋습니다. 또 동료에게 거래처의 새 공장을 시찰한 리포트를 전달한다면,

'녹색 외관이 주위보다 유달리 눈에 띄었다.'

'공장장이 입구까지 마중을 나와주었다.'

'생산력이 무려 3배로 뛰었다.'

등의 사실을 중심으로 한 '소재'가 좋을 겁니다. 또 인사팀에 제출하는 연수 리포트의 경우에는,

'일을 대하는 마음이 성과에 큰 영향을 준다는 것을 알았다.'

'리더의 차이로 조직이 얼마나 변하는지 체감했다.'

'소위 성공한 사람들도 고생한 시절이 있음을 알고 놀랐다.'

'당장 내일부터 스스로 무엇을 할 수 있을지 생각을 가다듬었다.'

등의 감상을 표현하는 것도 좋습니다. 가능하면 인상적으로 가

장 전하고 싶은 '소재'=사실, 숫자, 에피소드를 가져갈 수 있다면 더욱 좋을 테지요.

말한다는 생각으로 쓰면 된다

쓰기 시작했다면 그다음은 큰 틀에 따라 '소재'를 보충해 나가면 됩니다. '소재'만 있다면 글을 쓰는 데 어려울 것이 없어요.

어떻게 써야 할지 고민될 때 제가 자주 하는 조언이 있습니다. 바로 '말한다는 생각으로 쓰면 된다'입니다. 앞에서도 언급했지만 글도, 말도 커뮤니케이션에 사용되는 도구일 뿐이에요. 가끔 말하는 것이 불가능할 때 글로 쓰는 것뿐이죠. 따라서 말한다는 생각으로 글을 쓰면 글쓰기가 아주 쉬워집니다. 물론 구어체를 그대로 쓰면 안 되겠지만요. 이때도 핵심은 '글은 이러해야 한다'고 단정 짓지 않는 겁니다. 훌륭하고 아름다운 글을 써야 한다는 등의 생각을 하지 않는 거예요.

간혹 말로 하는 커뮤니케이션에는 굉장히 강한데 글을 쓸 때는 맥을 못 추는 사람이 있습니다. 글은 내용을 전달하는 매개체일 뿐인데 '글이니까 이래야 해'라고 스스로를 옭아매는 것이 그 원인이라고 생각해요. 어릴 때부터 글 쓰는 게 어렵고 싫었던 제가 글에 대해 얻은 큰 깨달음이 '말하듯이 쓰면 된다'입니다. 오랜 기간 글을 써보니 알겠더라고요. **'뭐야, 말하는 것처럼 쓰니까 쉽네!'**

저는 지금도 말을 한다는 생각으로 글을 쓰고, 때때로 중얼거리며 글을 쓰기도 합니다. '목적'에 따른 확실한 '소재'가 있다면 그다음은 '읽는 이'에게 제대로 전하기만 하면 돼요. 두려워하지 말고 글을 쓰세요! 문법이고 뭐고 신경 쓰는 분들도 있겠지만, 그동안 제가 소중히 간직해 온 구체적인 비법들을 차차 알려드리겠습니다.

Point 22

한 문장을 짧게 하는 것,
목표는 60자

첫 번째, 한 문장을 짧게 만든다

30년 가까이 글 쓰는 일을 해왔지만, 글쓰기책이나 문법책을 읽은 적은 없습니다. 하늘을 걸고 맹세할 수 있습니다! 그 이유는 앞서 이야기했듯, 문법 정오 사례가 많이 실린 책을 읽어서 글을 잘 쓰게 된다고는 전혀 생각하지 않기 때문이에요. 그런 책을 보면 글을 쓸 때마다 틀리지는 않았는지 책을 확인해야 할 것 같은 생각이 드는데, 정말 그렇게까지 하고 싶지는 않습니다.

업무용 글은 전해야 할 것을 전하기 위해 존재합니다. 국어 문법 평가를 위해 쓰는 글이 아니죠. 그래서 제 나름대로 문법보다 더 중요하다고 생각하는 노하우가 있습니다. 다소 낯선 것들도 있겠지만, 아무도 알려주지 않는 5가지 '쓰는 방법' 노하우를 지금부터 소개해 드리겠습니다.

첫 번째는 '한 문장을 짧게 만든다'입니다. 비즈니스 글을 쓸 때 제일 조심해야 하는 것 중 하나가 '길게 이어진 문장'입니다. 단락 없이 줄줄이 이어진 글은 도대체 어디에서 끊어야 할지, 읽을 수가 없기 때문이죠. 이 또한 과거 국어 수업의 속박이기도 합니다. 저명한 작가나 평론가의 글은 한 문장이 길지도 짧지도 않습니다. 그분들의 글이 시험 문제로 출제되기도 하는 이유예요. 하지만 이것은 국어로서의 이야기일 뿐 업무 문서에서는 얘기가 전혀 달라집니다.

한 문장의 목표는 60자, 접속사에 주의할 것!

줄줄이 긴 문장이 되지 않도록 염두에 둘 점은 '한 문장을 짧게 만든다'는 것입니다. 그 목표는 대략 60자 정도라고 생각하면 되는데요. 쓰다가 60자가 넘으면 '응? 이건 좀 기네'라며 의식할 수 있도록 연습하는 게 좋습니다. 저는 글을 쓸 때 워드 프로그램을 사용하는데, 한 행당 40자 정도가 들어가도록 설정해 놓았습니다. 글을 쓰다가 한 줄 반이 넘으면 좀 길다고 인지할 수 있도록 말이죠.

이 책 역시 대부분의 문장이 길어도 60자 정도로 되어 있습니다. 짧은 게 읽기 편하잖아요. 이해하기도 쉽고 쓱쓱 읽히고요. '읽는 이'에게 전하기 위한 글이니까 '읽는 이'가 가장 쉽게 읽을 수 있으면 제일 좋은 거죠.

A

어제 메일로 받은 프로젝트에 새로운 팀이 참가하는 건에 대해 부정적인 의견도 많아 내부에서 다시 검토하고 있으며, 일부 팀에서는 찬성 의견도 나오고 있어 신중한 대응을 해야 하여 담당 사원에게도 주의하도록 연락했습니다.

사실, 줄줄이 긴 글이 되는 것은 끊을 수 있는 부분을 끊지 않았기 때문이라고 생각해요. 한 문장으로 죽 길게 이어 쓰지 말고 접속사를 활용하여 필요한 위치에서 끊어 봅시다(앞서 언급했던 '항목 쓰기'와는 별개의 내용입니다). 위의 예문 A를 예로 들어볼게요. 전형적인 줄줄이 긴 글이지만 예문 B처럼 접속사를 쓰면 문장을 더 짧게 만들 수 있습니다.

B

어제 메일로 받은 프로젝트에 새로운 팀이 참가하는 건에 대해 부정적인 의견도 많아 내부에서 다시 검토하고 있습니다.
하지만 일부 팀에서는 찬성 의견도 나오고 있어 신중하게 대응해야 합니다. 담당 사원에게도 주의하도록 연락했습니다.

의식적으로 한 문장을 짧게 만들려는 것만으로도 접속사를 신경 쓰게 됩니다. 접속사 중에서도 활용도가 높은 것은 '하지만', '그러나' 등의 역접 접속사와 '그리고'와 같은 순접 접속사입니다. '또한', '게다가' 등은 줄줄이 긴 문장을 만들 가능성이 높기 때문에 가급적 쓰지 않는 게 좋아요. '또한'이나 '게다가'를 쓰는 것보다는 항목을 나누어 쓰거나 '첫 번째로', '두 번째로'와 같이 순서를 짚어주는 것이 좋습니다. 항목을 나누든, 순서를 짚든, **60자를 의식하는 것이 첫 번째 노하우라는 것.** 꼭 기억해 두세요!

처음부터 완성 원고를
쓰려고 하지 않는다

한 번에 완벽한 글을 만들려고 하지 않는다

두 번째 노하우는 '처음부터 완성 원고를 쓰려고 하지 않는 것'입니다. 글이 좀처럼 진도가 나가지 않는다는 이야기를 들으면 저는 이렇게 되묻습니다.

"처음부터 완성 원고를 만들려고 하지 않으셨나요?"

한 번에 완벽한 것을 만들려고 하면 어떻게 될까요? 글을 쓰다가 자꾸 멈추게 됩니다. 이것도 저것도 아닌 세세한 부분이 신경 쓰여서 고치기 시작하면 좀처럼 진도가 나가지 않죠. 그래서 결과적으로 글을 쓰는 데 시간이 걸리게 돼요.

앞서 언급했듯이, 글을 쓸 때 먼저 해야 할 것은 '소재'를 모으는 것입니다. 그다음 큰 틀을 짜서 '구성'을 만들고 거기에 '소재'를 붙이며 글을 완성하면 됩니다. 큰 흐름을 따라 '말한다는 생각'으로 쓰면 단숨에 글을 쓸 수 있어요. 기승전결 같은 형식은 신경 쓰지 말고, 말을 하는 것처럼 술술 쓰면 됩니다. 세세한 부분에 연연하면 그 기세나 흐름이 끊겨 버리니 주의하세요. **우선은 대략적으로 단숨에 다 씁니다.** 천재 작가가 아닌 이상, 글을 쓰고 나서 '퇴고'라는 단계를 밟아 글을 다듬으면 돼요.

퇴고 단계에서 지엽적인 부분을 조절하면 되니까 먼저 기세 좋게 써보세요. 저는 이를 '대충 쓴다'고 표현하겠습니다. **'어차피 또 다듬을 테니 우선은 대충 써버리자'고 생각하면 글 쓰는 속도가 눈에 띄게 향상됩니다.** 게다가 큰 그림을 확인할 수 있어서 사소한 부분에 눈이 덜 가요. 말하자면 '나무를 보다 숲을 놓치는 우를 범하지 않게' 되는 것이죠. 실제로 저는 어떤 원고든 먼저 대충 쓱! 씁니다. 분량을 의식하긴 하지만 좀 넘치거나 모자라도 상관없어요. 나중에 추리거나 보완하면 되니까요. 필요한 분량에 딱 맞추는 것은 처음부터 불가능하다고 생각하는 게 좋습니다.

그러고 보니, 광고를 만들던 시절에 '신문기자는 필요한 글자 수에 딱 맞춰 원고를 쓴다'는 이야기를 들은 적이 있어요. 처음부터 필요한 글자 수에 맞춰 쓰라는 조언을 들었지만, 일을 하면서 그런 건 가능할 리 없다는 걸 알게 되었습니다. 신문기자가 필요한 글자 수에 딱 맞게 원고를 쓰는 경우는 담아야 할 정보가 정해져 있는 경우뿐이에요. 그럴 때만 글자 수를 정해놓고 '소재'를 모을 수 있는 것이죠. 하지만 우리가 쓰는 대부분의 글은 신문 기사가 아니잖아요. 형식이 정해진 글도 아니고요. 그래서 오히려 필요한 분량에 딱 맞춰 쓸 필요가 없습니다. 그리고 그러지 못하는 게 당연해요. 그래서 대충 쓴 다음 마무리를 하면서 분량을 조절하는 방식이 효과적이라고 할 수 있습니다.

긴 문장은 나눠 생각한다

3,000자는 500자 6단락

세 번째 노하우는 '긴 글이라고 해서 기죽을 필요가 없다'는 것입니다.

처음에는 200자 글을 쓰는 데에도 꼬박 하루가 걸렸지만, 얼마 지나지 않아 쓸 수 있는 분량이 조금씩 늘어났습니다. 그리고 3,000자, 5,000자의 장문도 기죽지 않고 쓰게 되었죠. 그 이유는 앞서 언급했던 '글의 분량은 '소재'의 양'임을 깨달았기 때문이에요. 바꿔 말하면, '소재'가 부족하면 긴 글을 쓰는 건 불가능하다는 얘깁니다. 즉, 긴 글에 기죽거나 긴 글을 쓰지 못하는 것은 '소재'가 부족하기 때문인 것이죠. 따라서 쓰기 전에 '소재'를 제대로 마주할 필요가 있습니다. 당연한 말이지만 '소재'를 많이 준비한 다음에 글을 쓰는 것이 훨씬 수월해요.

그리고 한 가지 더, **긴 글도 결국은 짧은 글로 구성되어 있다는 것**입니다. 예컨대 3,000자의 글은 500자 글 6단락으로 이뤄졌다고 생각하면 돼요. 갑자기 3,000자를 써야 한다고 들으면 막막하지만 500자 6단락을 써야 한다고 생각하면 어떤가요? 훨씬 부담이 덜하죠? 500자 정도라면 그렇게 기죽을 필요가 없으니까요. 그리고 이때 중요한 것이 '서술 순서'라는 '큰 틀'입니다. '큰 구성'을 6단락으로 나누고 단락당 500자씩만 쓰면 합계 3,000자짜리 글을 쓸 수 있어요. 각 단락의 알맹이가 되는 '소재'를 고르고 그 소재를 글로 만들면 3,000자 분량의 글이 완성되는 것이죠.

긴 글에 쓰는 '기본 틀'이 있다

글이 2,000자를 넘으려면 '소재'가 많이 필요합니다. '서술 순서'와 '소재'를 배열하는 것은 제법 어려운 작업인 것도 사실입니다. 그래서 긴 글은 '큰 구성'이 중요해요. '소재'를 보고 먼저 대략적인 '큰 구성'을 만드는 것이 좋은데, 이때 자주 사용하는 기본 틀이 있습니다. 아래의 흐름을 참고해 주세요.

'읽는 이에 대한 공감'부터 시작한다.

'실은 아니지 않나요?'라며 읽는 이에게 '이의'를 제기한다.

'이의의 뒷받침'을 적는다.

덧붙여 '새로운 발견'으로 독자를 놀라게 한다.

'최종 결론'을 도출한다.

독자에 대한 공감으로 시작하여 '실제로는 아니지 않나요?'라는 이의를 제기합니다. 그다음, 이의를 제기한 이유를 쓰고 새로운 발견을 제시한 후, 최종적으로 결론을 이끌어 냅니다. 사실 118페이지에서 소개한 이 책의 소개문도 같은 흐름으로 생각해서 만든 거예요.

공감	비즈니스 문서를 술술 쓰지 못하고 고통받는 사람이 많다.
	↓
이의	하지만 그것은 비즈니스 문서 쓰기를 배운 적이 없기 때문이다.
	↓
뒷받침	심지어 초등학교 때 배웠던 작문에 얽매여 있다.
	↓
발견 1	나도 처음부터 글을 잘 쓴 것은 아니지만, 지금은 잘 쓰게 되었다.
	↓
발견 2	중요한 것은 '쓰는 방법'이 아닌 '소재'이다.
	↓
결론	누구나 글을 술술 쓸 수 있는 방법을 알려주고 싶다.

이렇게 큰 틀이 만들어지면, 이어서 세세한 '소재'를 분배하면 됩니다.

비즈니스 문서를 술술 쓰지 못하고 고통받는 사람이 많다.

- 어렵다는 말을 자주 듣는다.
- 질문을 많이 받는다.
- 앙케트 결과도 있다.

하지만 그것은 비즈니스 문서 쓰기를 배운 적이 없기 때문이다.

- 비즈니스 글을 쓰는 방법을 배운 적이 없다.
- 그러니까 머리를 싸매는 게 당연하다.
- 글을 잘 쓰는 사람은 태어날 때부터 글재주가 있는 사람이다.

심지어 초등학교 때 배웠던 작문에 얽매여 있다.

- 마지막에 배운 작문은 어떤 것이었나?
- 비즈니스와는 맞지 않는다.
- 초등학교 시절 배웠던 작문법이 오히려 직장인에게 혼란을 주고 있다.

나도 처음부터 글을 잘 쓴 것은 아니지만, 지금은 잘 쓰게 되었다.

- 원래는 글쓰기가 어렵고 싫었다.
- 그런데 지금은 글 쓰는 일로 먹고살고 있다.
- 잘 쓰게 된 이유를 깨달았다.

중요한 것은 '쓰는 방법'이 아닌 '소재'이다.

- 글이란 무엇인지 이해하지 못하고 있었다.
- 글은 어디까지나 '소재'가 중요하다.
- 핵심은 '어떻게 쓸지'가 아닌 '무엇을 쓸지'이다.

↓

누구나 글을 술술 쓸 수 있는 방법을 알려주고 싶다.

- 초등학교 작문의 속박에서 벗어난다.
- 글은 '소재'로 구성된다는 것을 안다.
- 말하듯이 쓰면 된다.

이처럼, 긴 글은 사전에 구성을 확실히 짜 두는 것이 중요합니다. 그래야 글을 빨리 쓸 수 있습니다. 반대로, 구성을 제대로 만들어 두지 않으면 글을 쓰는 과정에서 분명 방황하게 될 거예요. 번거롭더라도 구성을 시각화하여 큰 틀을 짠 다음, '소재'를 배분하며 글을 작성하는 것을 추천합니다.

10만 자 책도 50단락이면 끝!

글을 쓰기 전에 큰 틀을 제대로 짜둬야 한다는 걸 마음에 새기면 긴 글에 대한 두려움이 사라집니다. 글쓰기가 힘들었던 20대 때에는 500자 정도의 글도 서술 순서 즉, '구성'을 만들기 위해 '화살표 메모'를 활용했는데, 계속해서 이 방법을 썼더니 1,000~2,000자 분량의 글도 어렵지 않게 쓸 수 있었습니다. 그래서 지금도 큰 '구성'을 먼저 만들고 나서 글을 쓰기 시작합니다. 3,000자, 5,000자 원고도 '화살표 메모'를 활용해서 말이죠. 3,000자는 500자 6단락으로, 5,000자는 500자 10단락으로 생각해서 나눠 씁니다.

반대로, 큰 '구성'을 미리 만들지 않는다면 긴 글 쓰기는 상당히 어렵습니다. '소재'가 있다고 해도 무엇을 어디에 넣을지 정리가 되지 않기 때문이죠. 사실 이는 책도 동일합니다. 책 한 권에는 보통 10만 자 정도가 들어가는데, 글쓰기로 유명한 저에게 "10만 자짜리 책 한 권도 금방 쓰시네요."라고 말씀해 주시는 분들이 있어요. 하지만 한 번에 10만 자를 다 쓰는 것이 아닙니다. '10만 자'라고 들으면 엄청난 분량이라고 생각하기 쉽지만, 앞서 말했듯 2,000자 원고가 50단락 있다고 생각하면 어떤가요? 더 만만하게 다가오지 않나요? 2,000자 50단락과 10만 자는 같은 분량인데도 말이죠.

저는 달마다 책을 한 권 정도 쓰고 있습니다. 가장 먼저 '소재'를 기반으로 2,000자씩 50개의 '큰 틀 짜기'를 한 다음 '소재'를 배치하고 원고를 만들어가고 있어요. 50단락을 각각 무엇으로 채울지 대략 계획을 세웠다면 그다음부터는 조용히 글을 써낼 뿐입니다. 10만 자든, 5,000자든, 1만 자든 다 똑같은 순서로 써내면 됩니다. 덧붙여 저는 책 한 권을 쓰는 데 5일 정도 걸립니다. 단, 대략적으로 말이에요.

문장의 '겉보기'에 신경을 쓴다

적절한 줄바꿈으로 깔끔하게!

<u>네 번째 노하우는 글의 '겉보기'에 대한 것입니다.</u> 여러 번 말씀드렸지만, 비즈니스 문서는 '읽는 이'를 위해 존재합니다. '읽는 이'가 읽기 쉬운가, 알기 쉬운가, 이해하기 쉬운가'가 글의 전부라고 해도 무방하죠. 그러므로 가능한 한 **읽기 쉽게, 알기 쉽게, 이해하기 쉽게 써야 합니다.** 글 자체도 그렇지만 '겉보기'도 마찬가지예요. 그 전형적인 예가 메일입니다. 행도 바꾸지 않은, 화면 가득 쓰인 글이 과연 '읽는 이'에게 친절한 글일까요?

예를 들어보겠습니다. 다음 페이지의 두 글은 완전히 같은 글입니다. 하지만 '겉보기'만 바꿔도 두 글의 인상이 확연히 달라진다는 것을 바로 느끼실 수 있을 거예요.

○○ 님

잘 지내고 계시지요? △△ 납품 건입니다. 공장에 확인해 보니, 골든 위크*가 끝나고 나서 납품이 가능하다고 합니다. 4월 중 납품할 수 있도록 맞추려면 서둘러 답변을 주셔야 하는 상황입니다. 확인해 주시면 감사하겠습니다.

○○ 님

잘 지내고 계시지요?

△△ 납품 건입니다.
공장에 확인해 보니, 골든 위크가 끝나고 나서 납품이 가능하다고 합니다.
4월 중 납품할 수 있도록 맞추려면 서둘러 답변을 주셔야 하는 상황입니다. 확인해 주시면 감사하겠습니다.

＊골든 위크: 4월 말에서 5월 초에 걸친 일본의 황금연휴 기간

자, 어느 쪽이 '읽는 이'가 보기 쉬운 친절한 글인가요? 적절하게 줄을 바꿔 내용이 잘 보이는 깔끔한 글을 만들어봅시다. 필요하다면 순서대로 읽을 수 있게 숫자를 붙여도 좋아요. 이는 메일뿐만 아니라 리포트나 감상문 등에도 동일하게 쓸 수 있는 방법입니다. 에세이처럼 포맷이 정해지지 않은 글도 행을 바꿔 잘 읽히도록 써 보세요. 이런 글이 '읽는 이'에게 친절한 글입니다. **글은 '겉보기'도 정말 중요합니다.**

Point 26

최악의 인상을 남기는
'사소한 실수'에 주의하자

이름, 회사명 실수는 언제든 일어날 수 있는 일이다

다섯 번째 노하우는 아무리 좋은 글이라도 최악의 인상을 주는 '사소한 실수'를 하지 않는 것입니다. 전형적이지만 이름을 틀리거나, 회사명을 틀리는 것과 같은 실수를 방지하는 것이죠. 상대방이 내 이름이나 회사명을 틀리면 좋아할 사람은 없습니다. 심지어 '그런 실수는 하면 안 되지!'라고 생각하는 사람도 실수를 하곤 하죠. 그 이유는 이름이나 회사명을 틀릴 수도 있다는 걸 확실하게 인식하지 않았기 때문이에요. 하지만 이런 실수는 여차하면 범하기 쉽습니다.

제 성을 예로 들어볼까요? 제 성은 '우에사카(上阪)'인데 '우에사카(上坂)'로 착각하는 분들이 많아요. 착각하는 분들이 워낙 많아서 '뭐, 어쩔 수 없지'라고 웃어넘기지만, 이름 오탈자에 신경을 많이 쓰는 분들도 분명 계실 겁니다. 다른 사람의 이름을 잘못 기재하면

'이름도 제대로 확인하지 않는 사람인가?'라는 아쉬운 평가를 받아도 어쩔 수 없어요.

지금은 예전과 달리 컴퓨터나 스마트폰에 히라가나를 입력하면 자동으로 한자로 바꿔주는 시대입니다. 그래서 더 주의해야 해요. 그런데 의외로 명함을 제대로 확인하지 않는 사람도 많습니다. 실제로 미묘하게 다른 이름이 많은데 말이에요. 사이토(斉藤) 씨인지, 사이토(斎藤) 씨인지. 와타나베(渡辺) 씨인지, 와타나베(渡邉) 씨인지. 이토(伊藤) 씨인지, 이토(伊東) 씨인지…. 제 이름은 틀리기 쉬운 이름이라 다른 사람의 이름을 쓸 때도 오자가 생기지 않도록 신경을 쓰지만, 비슷한 경험이 없는 분들은 타인의 이름을 적을 때 특히 주의를 기울여야 합니다.

회사명도 똑같아요. 채용 공고를 만들면서 회사명도 절대 틀리면 안 된다고 뼈저리게 느꼈습니다. 광고 클라이언트에게 회사명이 틀린 원고를 전달하면 안 되니까요. 그리고 회사의 채용 공고를 만들 때 그 회사와 협업하는 업체들을 나열하기도 하는데, 이때도 회사명을 틀리는 일은 절대 용납할 수 없습니다. 예를 들어볼게요. 일본어에는 요음*이라는 개념이 있는데 회사명을 표기할 때 요음에서 실수가 많이 발생합니다. 흔히 알고 있는 캐논은 キャノン이라고 써야지 キャノン으로 ャ를 스테가나로 적으면 안 됩니다. 마찬가지로 키유피라는 회사명도 キユーピー라고 써야 하는데 스테가

---

* 요음: ぃ단의 가나에 ゃ행의 스테가나를 붙여 표기하는 일본어의 음절이다. -편집자

나를 써서 キューピー로 쓰면 안 되죠. 후지필름도 비슷합니다. 富士フィルム라고 ィ를 스테가나로 적어야 하지만 イ로 적는 경우가 있어요. 또 이토요카도(イトーヨーカ堂), 브리지스톤(ブリヂストン), 빅카메라(ビックカメラ)와 같은 회사명을 규범 표기와 달리 잘못 기재하는 경우도 많습니다. 그래서 명함이나 회사 사이트를 정확하게 확인할 필요가 있어요.

단순 오타도 조심!

요즘은 손보다 컴퓨터를 사용하여 글을 쓰는 경우가 대부분이라서 오타가 더 자주 납니다. 자신도 모르게 오타가 나게 되죠. '제목'이라고 써야 하는데 '재목'이라고 쓴 걸 그대로 메일로 보낸 적도 있는데 그때 오타 하나로 이미지에 큰 타격을 받았습니다. 신경 써서 보내야 할 메일일수록 치명상을 입기가 쉬워요. 프로답지 못한 사람이라는 딱지가 붙을 수도 있기에 더욱 조심해야 합니다.

오타가 두려운 이유는 읽는 이가 글쓴이보다 실수를 발견하기 쉬워서예요. 그래서 타이핑할 때 주의를 기울이고, 실수할 것 같은 부분에서는 특히 신경 써서 퇴고해야 합니다. 간혹 끔찍한 글로 타인에게 상처를 주는 사람을 보면 글도 하나의 흉기가 될 수 있다는 생각이 듭니다. 그러한 일은 업무를 하면서도 충분히 일어날 수 있어요. 의도와는 상관없이 말이죠. 그래서 글을 쓸 때는 항상 주의를 기울여야 합니다.

형용사를 찾아내느라
시간이 걸린다

형용사가 글을 망치고 있다

앞서 말씀드렸듯이 저는 20대 초반까지 글을 쓰는 게 힘들고 괴로웠습니다. 하지만 스스로도 놀랄 정도로 글을 술술 쓰게 된 이유 중 가장 의미가 있는 것은 '소재'의 중요성을 깨달은 것입니다.

'어떻게 쓸지'에 초점을 맞추기보다 '소재'로 눈을 돌리게 된 이유가 하나 더 있는데요. 그것은 바로 **형용사가 위험하다는 것**을 깨달은 것입니다. 글 쓰는 일을 시작하고 얼마 되지 않았을 때 글을 술술 쓰지 못했던 까닭은 '소재'는 뒷전으로 미루고 열심히 단어를 찾았기 때문이에요. 대표적인 것이 형용사입니다. 사물이나 일을 능숙하게 표현할 적확한 형용사가 없는지 필사적으로 찾았어요. 실제로 신참인 채용 공고 카피라이터가 만드는 캐치프레이즈에서 제일 많이 보이는 문장이 이 문장입니다.

'우리 회사는 참 좋은 회사입니다.'

정말 좋은 회사일 수도 있겠지만 이래서는 아무것도 전달되지 않아요. 일자리를 찾는 이들이 이 캐치프레이즈를 보고 회사에 지원을 할까요? 구체적이지도 않고 설득력도 없는 데다 어느 회사에나 쓸 수 있는 문장을 보고 말이죠. 그런데 신참 카피라이터는 '좋은 회사' 대신 쓸 수 있는 표현, 즉 형용사를 열심히 찾아 아래와 같이 문장을 수정합니다.

'우리 회사는 멋진 회사입니다.'
'우리 회사는 굉장한 회사입니다.'
'우리 회사는 훌륭한 회사입니다.'

하지만 이러한 문장 역시 의미가 전혀 전달되지 않습니다. 꾸미는 말을 바꾼 것에 지나지 않으니까요. '형용사의 위험함'은 전달하고자 하는 뜻이 형용사 때문에 오히려 정확하게 전해지지 않는다는 데에 있습니다. 그래서 형용사로는 좀처럼 의미가 전달되지 않는다는 점을 염두에 둘 필요가 있어요.

형용사를 쓰지 않으면
'소재'에 눈이 간다

구체적인 '사실', '숫자', '에피소드'를 찾는다

형용사로 '좋은 회사'라는 게 전해지지 않는다면 어떻게 해야 할까요? 꾸미는 말이 아닌, 구체적인 '사실', '숫자', '에피소드'로 눈을 돌리는 겁니다. 예를 들어 '좋은 회사'처럼 예쁜 형용사로 정리하려 하지 말고 아래와 같은 내용을 적는 거죠.

'5년 동안 퇴사자가 한 명도 없다.'
'입사 3개월 만에 과장으로 발탁된 사원이 있다.'
'10년 동안 매출과 이익이 계속 증가하고 있다.'
'모든 이직자가 이직 후 정말 만족한다고 이야기한다.'

어떤가요? 회사의 매력이 훨씬 구체적으로 전달되지 않나요? 이 문장에 사용된 것들이 바로 '사실', '숫자', '에피소드'입니다. '소재' 그 자체인 것이죠. **형용사를 쥐어짜 내는 것보다 '소재' 그 자체로 눈을 돌리면 훨씬 더 선명한 글**이 됩니다.

꾸미기보다 '소재' 그 자체를 사용하는 것이 좋다

이는 채용 공고에만 해당하는 것이 아닙니다.

'너무 춥다.'

라고 쓰여 있으면 읽는 이는 실제로 얼마나 추운지 전혀 가늠할 수 없어요. 다음과 같이 적혀 있다면 어떨까요?

'온도계가 영하 3도를 가리키고 있다.'
'창밖에 20cm짜리 고드름이 달렸다.'
'손이 시려서 장갑 없이는 도저히 버틸 수가 없다.'

어떠세요? '매우 춥다'라는 문장보다 '소재'를 그대로 활용해서 쓴 문장이 더 와닿죠? '소재'를 활용하는 것만으로 읽는 이가 '아, 정말 춥구나'라고 금방 이해할 수 있습니다. '매우 춥다'라는 문장을 봤을 때보다 훨씬 더 확실히 말이죠.

그렇다면 이번에는 업무 상황에서 자주 마주칠 법한 형용사를 생각해 봅시다. 어떻게 '소재'로 표현할 수 있을까요?

· 공장이 크다

→ '면적이 1만㎡이다.'

→ 'KSPO DOME(올림픽체조경기장) 10개와 맞먹는다.'

→ '하루에 10만 개의 제품을 만든다.'

· 디자인이 아름답다

→ '형형색색의 둥근 테이블이 즐비하게 배치되어 있다.'

→ '천장에는 한국을 이미지화한 50cm 정도의 큰 목제 조명이 있다.'

→ '건축계의 거장 안도 다다오* 씨가 디자인을 담당했다.'

· 사무실이 훌륭하다

→ '유리창이 모두 곡선이며, 맞은편에 남산서울타워가 보인다.'

→ '테이블, 의자, 바닥이 모두 흰색으로 깔끔하게 통일되어 있다.'

→ '엘리베이터에서 내려 발을 디딘 카펫은 3cm가 가라앉을 정도로 푹신했다.'

글로만 내용을 전달해야 할 때는 이렇게 '소재'에 시선을 돌려

---

* 안도 다다오(安藤忠雄): 건축물과 자연의 호흡을 중시하는 건축가로, 건축계의 노벨상인 프리츠커 건축상을 받았다. -편집자

메모를 해 두는 겁니다. 놀랄 만한 일이 있었다면 분명 그 이유가 있을 테니 사실 그대로를 적어 두면 되고요. 이렇게 쌓인 '소재'들이 곧장 글로 만들어지는 거예요.

'좋은', '굉장한'이라는 형용사의 위험함

형용사 중에서도 특히 '좋은', '굉장한'이라는 단어는 주의할 필요가 있습니다. 말하듯이 글을 써야 술술 써진다고 했지만, 이런 형용사는 일상적으로 너무 자주, 별생각 없이 사용하는 것이니까요. 말을 할 때는 표정이나 몸짓, 손짓 등 다양한 요소가 더해지기 때문에 이러한 형용사를 써도 상대방은 종합적으로 받아들일 수 있습니다. 하지만 글은 문자로만 이루어지잖아요. **'좋은', '굉장한' 같은 단어로는 무슨 뜻인지 제대로 전달되지 않아요.**

'좋은 회사', '좋은 사람', '좋은 거래처', '좋은 일' 혹은 '굉장한 회사', '굉장히 큰', '굉장히 바쁜', '굉장히 어려운'… 이런 말들은 우선 상대방에게 그 '좋음'과 '굉장함'이 전해지기 힘들다고 봐야 해요. 그래서 이 또한 '사실' '숫자' '에피소드'라는 '소재'로 표현해야 합니다.

- 종업원 만족도가 97%에 달했다.
- 100명 직원 전부가 '그는 좋은 사람'이라고 했다.
- 20년 된 우수 거래처로, 5년 동안 줄곧 표창을 받았다.

- 다른 업종 급여의 두 배를 받을 수 있다.

- 종업원이 30만 명을 넘어섰다.

- 유명한 경제평론가가 '앞으로 성장할 주식'이라고 말했다.

- 컨설팅 회사 중 주목도 면에서 1위 회사가 되었다.

- 벌써 20일이나 휴무를 쓰지 못했다.

- 연구원이 말하기를, 성공 확률은 10%도 안 된다고 했다.

'좋은', '굉장한'이라는 단어와 '소재'를 비교해 보니 어떤가요? 어느 쪽이 읽는 이에게 선명하게 와닿을까요?

형용사를 쓰지 않고 '소재'를 쓰는 쪽이 훨씬 설득력이 있습니다. '좋은', '굉장한'이라는 표현을 사용하고 싶어지면 '소재'로 시선을 돌려 구체적으로 표현해 보세요.

업무 상황에서는
멋진 형용사가 필요 없다

물론 형용사를 써서 광경을 기막히게 묘사하는 문장가도 있습니다. 하지만 몇 번이고 말했듯이 그런 분들은 글재주를 타고난 특별한 사람들이라고 생각합니다. 평범한 사람은 그렇게 묘사하기가 거의 불가능해요. 게다가 그런 분야는 비즈니스와는 다른 영역이라고 봐야 합니다. 그 누구도 업무용 글에서 화려한 묘사를 원하지는 않으니까요.

그래서 가능한 한 형용사를 쓰지 않도록 의식해야 합니다. 그러면 자연스럽게 '소재'로 시선이 돌아가죠. 어떻게든 훌륭한 형용사를 쥐어짜 낼 필요도 없어지고요. 게다가 전해야 할 내용을 훨씬 더 분명하게 전할 수 있게 된답니다.

초등학교 작문은 어째서 유치한가?

형용사의 위험함이 글을 유치하게 만들기도 합니다. 초등학생이 쓴 글에서 이런 전형적인 예를 본 적이 있지 않나요? 또는 여러분이 어렸을 때는 어땠는지 생각해 보세요.

'오늘은 즐거웠다.'
'오늘은 재밌었다.'
'오늘은 기분이 좋았다.'

유치한 글의 원인은 형용사에 있다고 해도 과언이 아닙니다. '즐거운', '재밌는', '기분 좋은'도 굉장히 애매한 단어라고 할 수 있어요. 구체적이지 않은 단어는 글을 유치하게 만들 수 있습니다. 즉 '좋은', '굉장한'을 연발하면 유치한 글이 된다는 뜻이기도 하죠.

글을 쓰는 일을 하고 있어서 때때로 '아이가 글을 잘 짓도록 하는 방법이 있나요?' 같은 질문을 받는데요. 그땐 이런 충고를 합니다. '자녀에게 질문을 자주 해주세요'라고요. 예를 들어서 아이가 '오늘은 즐거웠다'고 쓰려 한다면 '뭐가 즐거웠어?'라고 물어보는 겁니다. 그럼 아이는 '오늘 밖에서 도시락을 먹었는데 친구가 주먹밥을 떨어뜨려서 데굴데굴 굴러갔어. 둘이 한참 웃다가 내 주먹밥을 반으로 나눠서 줬어'라고 구체적으로 대답할 거예요. '소재(사실,

숫자, 에피소드)'를 말하는 거죠. 이걸 그대로 글에 녹이면 돼요. '재 밌었다'도 '기분 좋았다'도 마찬가지입니다. 아이가 그렇게 느낀 '소 재'가 반드시 있을 거예요. 그것을 끄집어내서 글로 풀면 됩니다. 그 런 글을 읽는 선생님은 '아, 정말 즐거웠겠네', '재밌었구나', '기분이 좋았겠구나'라고 생각하게 될 거예요.

형용사는 '읽는 이'의 느낌이어야 한다

형용사는 읽는 이가 '아, 그랬구나'라고 생각하는 느낌·감상이어 야 한다고 생각합니다. '즐거운'도 '굉장한'도 '추운'도 그렇습니다. 쓰는 이 기준으로 그러한 형용사를 사용하면 읽는 이는 체감할 수 없어서 읽는 이 나름의 흥이 깨질 거예요. 흥이 깨지니 글이 유치해 지는 것이고요. 그래서 더욱더 느낌의 근거인 '사실', '숫자', '에피소 드'만 담백하게 써야 해요. 그래야 읽는 이가 '즐거웠겠구나', '굉장 한 회사구나', '추웠겠네'라고 직접 느끼게 됩니다.

초등학생은 물론, 글쓰기가 서툰 중·고등학생, 대학생에게도 '사 실', '숫자', '에피소드'의 소중함을 알려주면 큰 도움이 됩니다. '억 지로 꾸미는 말을 찾지 말고 소재만 활용하면 되는구나!'라는 깨달 음으로 글쓰기 허들을 단숨에 넘을 수 있을 거예요. 동시에 글이 몰 라볼 정도로 바뀔 거라고 생각합니다. '소재'를 써서 잘 전달되는 글 을 쓰게 될 테니까요.

업무 메일은 결론을 먼저!

글을 읽고 싶어 하는 사람은 아무도 없다

이제부터는 용도별 글에 대해 언급해 보겠습니다. 우선 메일부터 시작해 볼까요? 글 쓰는 일을 하는 사람으로서 이런 말을 하기가 좀 그렇지만, 저는 세상에 글 읽기를 좋아하는 사람은 없다고 생각합니다. 사실 저도 그렇습니다. 글쓰기를 싫어했지만, 사실은 글을 읽는 것도 싫었거든요. 용건만 빨리 알고 싶지, 긴 글을 읽고 싶지는 않았어요. 그래서 '글을 읽고 싶어 하는 사람은 아무도 없다'를 전제로 글을 쓰고 있습니다. 제가 '읽는 이'를 의식하고 '어떻게 하면 쉽게 전할 수 있을까'를 고민하는 것도 이 전제 때문이에요.

반대로, 읽는 걸 싫어하지 않는 사람이라면 다른 사람도 자기처럼 글 읽기를 좋아한다고 생각해서 오히려 글을 쓰는 데 도움이 되지 않을 수도 있습니다. 특히 메일의 경우, 매일 엄청난 양을 받아서 그걸 계속 봐야 하는 사람도 있어요. 그런데 빨리 결론이 나오지 않는, 줄줄이 긴 메일을 받는다면 어떨까요? 확 질려버려서 그 메일을 건너뛰고 읽을 수도 있겠죠. 이런 면에서 업무 메일은 정중하게 작성해야 한다는 보편적인 이론을 따르지 않는 게 좋을 수도 있습니다. 그보다 짧게, 빨리 읽을 수 있는 메일이 가장 바람직하다고 생각해요.

제 주변에는 글을 잘 쓰는 전문가가 많은데 그들도 메일을 꽝장히 간결하게 씁니다. 이론이나 규칙에 구애받지 않아요. 경영자는 더 그렇습니다. 가급적 상대의 시간을 뺏고 싶지 않다는 의미겠지요.

메일은 상대방의 얼굴이 보이지 않는다

메일이 두려운 이유는 상대가 보이지 않기 때문이에요. 그래도 전화는 목소리로 상대방의 반응을 알 수 있습니다. 하지만 메일로는 아무것도 알 수가 없죠. 그래서 메일을 쓸 때 주의해야 할 것이 몇 가지 있습니다. **우선, 결론부터 시작해야 한다는 거예요.** 특히 회사 동료나 오랫동안 같이 일을 해온 거래처 직원에게는 까다로운 전제가 필요 없습니다. '의뢰'나 '사죄'의 메일을 쓰는 경우가 아니라면 말이죠.

OO 씨, 안녕하세요.

△△ 사 사장님을 인터뷰한 원고를 보냅니다.
회사 발전 과정을 강조한 느낌으로 정리해 봤습니다.

혹시 분량이 많으면 두 번째 단락의 녹색 글자 부분을 삭제해 주세요.

첨부파일 확인 부탁드립니다.
감사합니다.

이와 같이 단도직입적으로 결론을 씁니다. 만약 보충 사항이 있다면 그 아래에 덧붙이면 되고요. 저는 원고를 납품할 때, 항상 위와 같은 형식으로 메일을 보냅니다.

경영자들과 인터뷰를 하는 경우도 많은데, 그분들은 제 메일을 보고 '결론을 먼저 써서 좋다'고 입을 모아 말합니다. 어떤 메일인지, 무엇을 말하고 싶은지를 바로 알 수 있기 때문이죠. 상세 내용을 읽고 싶다면 화면을 스크롤해 아랫부분을 더 읽는다고 합니다. 필요에 따라 선택적으로 말이죠. 다들 정말 바쁘잖아요. 그러니까 <u>메일은 짧게, 결론부터!</u> 이 원칙을 꼭 지켜 주세요.

Point 31

의뢰 메일의 양식·흐름을 만든다

항상 백지상태부터 생각하니까 시간이 들지!

　메일을 쓰는 데 시간이 많이 필요하다는 분을 본 적이 있습니다. 메일을 쓰느라 업무 시간을 다 뺏긴다고 말이죠. 그렇다면 자주 쓰는 메일의 양식을 미리 만들어놓으면 어떨까요? 회사명이나 수신인 등은 절대 실수하면 안 되므로 메일 전체를 복붙하기*보다는 개별 명칭이 들어가 있지 않은 양식을 만들어두는 거예요. 회사명이나 수신인, 날짜 등은 그때그때 수정해 보낼 수 있게 말이죠. 이렇게 하면 백지상태부터 메일을 쓰지 않아도 되니 시간이 훨씬 절약될 겁니다. 그럼 다른 메일도 몇 가지 소개해 드리겠습니다.

---

* **복붙하다**: 내용이나 형태 따위를 복사하여 붙이다. 통용되는 단어라 입말을 살려 넣었다. -편집자

양식을 만들면 시간이 단축된다

저는 고단샤(講談社)**의 〈주간현대週刊現代〉라는 주간지에서 경영자 인터뷰 기사를 담당하고 있습니다. 취재 약속을 잡는 것도 저의 일이기에 거의 매주 의뢰 메일을 보내고 있는데요. 의뢰 메일 역시 양식을 만들어두었어요. 가장 기본이 되는 양식을 만든 다음, 실제로 메일을 보낼 때는 상대방에게 맞춰 세부 사항을 수정하죠. 메일 첫머리 인사말에 취재 대상을 소개한 소개자의 이름을 넣기도 하고, 취재 대상이 운영하는 기업이 훌륭하다는 생각이 들면 관련 내용을 더 자세하게 적습니다. 양식을 갖추고 있기에 백지상태부터 메일을 쓸 필요가 없어요. 이것만으로도 메일 작성 시간을 훨씬 단축할 수 있습니다.

△△ 사 광고 담당

00 님

※ ◇◇ 사장(님)의 취재 의뢰

안녕하세요.

고단샤 〈주간현대〉에서 라이터로 일하고 있는 우에사카 도루라고 합니다.

** **고단샤(講談社)**: 설립된 지 100년이 넘는, 일본의 한 유명 출판사

<주간현대> 및 고단샤의 최대 웹사이트 '현대 비즈니스'에서는, 기업의 수장을 인터뷰하는 연재 기획물을 싣고 있습니다.

따라서 편집부의 강력한 요청을 받아 귀사 ◇◇ 사장님의 인터뷰를 진행하고자 연락드립니다.

회사 경영자의 인품·회사의 최신 이슈 등을, 누구나 접근하기 쉬운 '음식'에 빗대어 독자에게 전하는 연재 기사입니다.

기사 샘플과 취재 의뢰서를 첨부하였습니다.

감사하게도 지금까지 ☆☆ 사, ⌣⌣ 사 등이 연재에 응해주셨습니다.

가능하다면 ◎월, ○월에 취재하였으면 합니다.

갑자기 연락드려 죄송합니다.

검토해 주시면 감사하겠습니다.

잘 부탁드립니다.

의뢰 메일에는 흐름이 있다

저는 편집자 같은 글쓰기 전문가에게서 일을 의뢰받는 경우가 많습니다.

> **인사 → 용건 → 보충 → 이유·배경 → 계획 → 마무리**

　의뢰 메일은 기본적으로 위와 같은 흐름으로 정해져 있다고 생각합니다. 이 여섯 가지를 확실하게 기재하면 상대는 더 정확하게 의뢰 사항을 이해할 수 있을 거예요. 무언가를 의뢰하기 위한 메일을 쓸 때 이 흐름을 참고해 보세요. 분명 도움이 될 겁니다.

감사 메일, 사과 메일도
'이번에는'이 중요하다

은근히 쓸 기회가 많은 감사 메일

업무상 감사 메일을 쓸 기회가 생각보다 많습니다. 일을 하면서 신세 진 사람에게 감사 메일을 보내는 건 굉장히 좋은 습관인데요. 주의해야 할 점이 한 가지 있습니다. 판에 박은 듯한 문장이나 관용구 범벅인 문장을 써서 보내면 형식뿐인 감사가 된다는 점이죠. 예를 들어 아래 A와 같은 메일을 받아도 과연 기쁠까요?

A

안녕하세요.
이번에는 감사했습니다.

다음번에도 잘 부탁드립니다.
감사합니다.

딱히 와닿는 내용이 없습니다. 왜 그렇게 느껴지는 걸까요? '이번에는'에 대한 구체적인 내용이 전혀 없기 때문입니다. 진심으로 '이번에' 감사를 느꼈는지 알 수가 없어요. 어떤 상황에서든 쓸 수 있는 메일이라서 더 그런 것 같지 않나요? 아래의 B처럼 조금만 바꿔보면 어떨까요?

B

안녕하세요.
이번에는 감사했습니다.
특히 제3장의 머리말이 와닿았습니다.

다음번에도 잘 부탁드립니다.
감사합니다.

겨우 한 줄을 더했을 뿐인데 메일의 이미지가 확 바뀌었습니다. Point 17에서 회식 참석 후 작성했던 감사 메일을 기억하시나요? 그것과 마찬가지입니다. '당시를 공유했을 때만 쓸 수 있는 한 줄'을 더하니 훨씬 진정성 있는 메일이 되었습니다.

'구체적인 한 줄'이면 끝!

그저 '이번에는'에 해당하는 구체적인 내용 한 줄만 더 적으면 됩니다. 결코 어렵지 않아요. 하지만 그 한 줄 덕분에 '나만' 쓸 수 있는 메일이 됩니다. 전형적인 관용구로 뒤덮인, 진정성 없는 감사 메일이 아니라요.

【'구체적인 한 줄'의 예시】

• 말씀하신 '봄꽃의 아름다움' 이야기가 특히 인상 깊었습니다.

• '이젠 틀렸다'고 생각했을 때가 있었는데 '조금만 더 같이 힘내보자'고 말씀해 주신 것이 얼마나 의지가 되었는지 모릅니다.

• 업무 현장이 선생님께 딱 맞아 보여서 '바로 여기서 그런 작품이 탄생했구나' 하는 생각이 들었습니다. 감개무량했습니다.

따라서 감사 메일을 쓰는 것이 예상된다면 처음부터 '구체적인 한 줄'에 촉각을 곤두세울 필요가 있습니다. 회식에 초대를 받으면 그 자리에서 들은 이야기, 음식 등에 대해 할 말을 확실하게 기억해 두는 거죠. 또한 협업을 했다면 정말 감사했던 사건을 메모해 둡니다. 가장 힘들었던 부분을 메모하여 한 줄을 쓰는 것도 좋은 방법이에요. 힘들 게 없습니다. 인상적이었던 것을 적어 두기만 하면 되니까요.

사과 메일은 사죄의 말부터 시작한다

일을 하다 보면 사정이 생겨 사과 메일을 보내야 할 때가 있지요? 직종을 불문하고 이런 일은 충분히 일어날 수 있어요. 더 골치 아픈 것은 나에게 잘못이 없는데도 사과 메일을 써야 할 경우가 생긴다는 거예요. 예를 들면, 외주처가 납품을 늦게 해서 결과적으로 고객에게까지 납품이 늦어진 경우죠. '나는 제대로 일했는데…, 내가 잘못한 게 아닌데…'라는 생각이 스멀스멀 올라올 거예요.

하지만 그렇다 해도 고객에게 불편을 끼친 사실에는 변함이 없습니다. 고객은 당연히 화가 날 거예요. 이럴 때는 어떻게 해야 할까요? 솔직하게 사과하는 것이 화를 풀 수 있는 지름길입니다. '사실은 이런 사정이 있었어요'라고 알리고 싶겠지만 <u>상대방 입장에서는 그 이유가 중요하지 않아요.</u> 결과적으로 피해를 본 사람은 상대방이니까요. 이유를 장황하게 설명해 봤자 절대 사태가 해결되지 않습니다. 오히려 상대방은 변명을 읽는 데 시간을 뺏겼다고 더 화를 낼지도 몰라요. 불에 기름을 붓는 것과 마찬가지죠.

<u>사과 메일에서 반드시 먼저 해야 하는 것은 '솔직한 사과'입니다.</u> 불편을 끼쳐 죄송하다는 마음을 전해야 하죠. 가장 먼저 사과를 하고 그다음에 사정을 설명해도 늦지 않아요.

이번에만 말할 수 있는 문구를 넣는다

그리고 사과 메일 역시 감사 메일과 똑같습니다. 전형적인 문구나 관용구를 늘어놓을 뿐이라면 단조로운 인상을 줄 수밖에 없어요. 진정성이 느껴지지 않겠죠. 사과 메일에도 '이번에만 말할 수 있는 문장'을 하나 넣으면 좋습니다. 그리고 사정을 설명할 때는 누군가에게 책임을 미루는 듯한 뉘앙스는 좋지 않아요. 이 점에 유의해서 아래 예를 살펴볼까요?

✉   _ ↗ ✕

OO 님

안녕하세요.

이번에 ◡◡ 건 납품이 늦어져 정말 죄송합니다.
불편을 끼친 점, 진심으로 사과드립니다.

OO 님과 회의했을 때, 이번 납품이 매우 중요하다고 말씀해주셨는데
그럼에도 이렇게 늦어진 점, 정말로 죄송스럽게 생각하고 있습니다.
앞으로는 이런 일이 없도록 주의하겠습니다.

여담이지만, 이번 납품 지연은 저희 쪽에서 외주를 맡긴 곳에 예상치 못한 실수가 생겨 발생하게 되었습니다.
이러한 실수가 생길 수 있다는 점을 염두에 두고 스케줄을 세워야 했는데 그러지 못했습니다.

다시 한번 불편을 끼친 점 사과드립니다.

추후 이러한 일이 재발하지 않도록 만전을 기하겠습니다.
계속 잘 부탁드립니다.

사과 메일을 쓸 때는 이처럼, 우선 솔직하게 미안한 마음을 표현하고 '이번에만 쓸 수 있는 문구'를 덧붙여 보세요. 사과의 배경이나 이유는 누군가에게 책임을 미루는 느낌이 들지 않도록 적습니다. 꼭 참고해 주세요!

지시 메일은 '5W2H'를 쓴다

지시 메일은 명확하게!

회사에서는 상사가 부하에게, 혹은 팀장이 팀원에게, 선배가 후배에게 업무를 지시하는 경우가 많은데요. 재택근무가 확대되면서 업무 지시를 메일이나 메신저로 하는 일이 늘어났습니다. 그래서 오프라인에서는 일어나지 않는 문제가 종종 일어나는 듯해요. 무엇보다, 사무실이라면 '아까 그 건, 이런 거죠?'라고 가볍게 질문을 할 수 있어요. 하지만 재택근무로 각자의 장소에서 일을 하다 보니 이런 가벼운 커뮤니케이션이 불가능합니다. 상대에게 제대로 확인하지 않고 일을 진행해서 막상 뚜껑을 열어보면 '어라?' 하는 일이 생기는 것이죠.

지시의 원칙은 '5W2H'를 명확히 하는 것입니다. 핵심 내용이 누락되면 나중에 문제가 생기니까요.

- Why 왜

- What 무엇을

- Who 누가, 누구에게

- When 언제

- Where 어디서

- How 어떻게

- How much 얼마나, 어느 정도

메일로는 오프라인에서처럼 세세한 반응이 불가능합니다. 그래서 상대방이 지시를 정확하게 이해할 수 있도록 작성하는 것이 더욱 중요하죠. 이 점을 뇌리에 박히도록 강하게 의식해야 해요.

'항목 쓰기'를
적극적으로 사용한다

외부용 메일을 작성하는 경우도 많지만, 사실 가장 많이 쓰는 메일은 사내용 메일일 겁니다. 이때 주의해야 할 점은 **사내용이므로 더 간결하게 작성해야 한다는 것**이죠. 즉, 용건이 무엇인지 직접적이면서 단순하게 전하는 것이 좋습니다. 다들 바쁘니까요. 절대로 하면 안 되는 일은 읽기 어렵게 줄줄이 쓰는 거예요. 굳이 문장으로 쓰지 말고 항목을 나눠 쓰는 것이 좋다고 생각합니다. 그렇게 하면 줄줄이 긴 글을 쓰지 않게 되니까요. 아래 예시와 같이 '5W2H'를 사용하여 지시 메일을 써봅시다.

수고하십니다.

아까 미팅에서 언급했던 건인데, 의뢰하고 싶은 내용은 다음과 같습니다.

· 파워포인트로 제작

· 클라이언트용 발표 자료로 사용 예정(27일)

· 필요시 사내에 배부(~25일)

· 재택근무 가능

· 30페이지 분량

· 필요한 자료를 송부할 예정이지만 스스로 찾아보셔야 하는 부분도 있습니다.

이처럼 항목으로 나눠 쓰면 메일을 간결하게 쓸 수 있을 뿐더러, 내용 누락도 방지할 수 있습니다.

업무를 하다 보면 다른 부서로 문의를 하는 경우도 많죠. 그럴 때에도 항목 쓰기를 사용하면 한결 수월하게 일을 진행할 수 있어요.

○○ 님

수고가 많으십니다. 기술2팀의 ◇◇입니다.

얼마 전, △△ 사에서 다음 세 가지 문의 사항을 전해왔습니다. 이에 대한 영업부의 의견을 알려주시면 좋겠습니다.

·고객의 납품 희망 시일은 언제인지

·납품 날짜를 맞추려면 무엇이 필요한지

·납품 날짜에 맞추지 못한다면 어떤 대체 방법이 있는지

이상 세 가지 문의에 대한 답변을 ◎ 일까지 받을 수 있을까요?

잘 부탁드립니다.

항목 쓰기의 장점은 쓱 봐도 바로 내용이 이해된다는 것입니다. 게다가 파악해야 할 내용의 개수도 알 수 있죠. 시간도 없는데 정말 고마운 일이 아닐 수 없습니다. 항목 쓰기를 하면 글쓴이 역시 '상대가 파악해 줬으면 하는 부분'과 '처리해 줬으면 하는 부분'을 자연스레 정리할 수 있습니다.

메신저를 쓸 때도
'5W2H'를 의식한다

여러 번 주고받지 않아도 된다

메신저 등을 사용하여 실시간으로 커뮤니케이션을 하는 경우가 점점 늘어나고 있습니다. 이때 발생하기 쉬운 상황은 설명이 부족해 몇 번이고 채팅을 주고받아야 하는 상황일 텐데요.

'☆☆ 건 어떻게 되어가나요?'
'지금 잠깐 시간 괜찮으세요?'
'이거 앞당길 수 있나요?'

이런 애매한 질문에 상대는 어떻게 대답을 해야 할지 고민하게 됩니다. 이때 '5W2H'를 의식하면 보다 분명한 의사소통을 할 수 있어요.

'보고서는 언제 완성되나요?'

'5분 정도 시간 되세요?'

'예정보다 하루 앞당길 수 있나요?'

이와 같이 자신이 원하는 것을 구체적으로 제시하는 것이 굉장히 중요합니다. 반대로, 만약 상사에게서 애매한 질문이 날아온다면 '죄송하지만 어떤 것을 제일 알고 싶으신가요? 납기인가요? 가격인가요?'처럼 구체적인 내용을 되묻는 게 좋습니다.

채팅은 '감사합니다'부터 시작한다

채팅이나 메신저는 무미건조해도 되는지 질문을 받은 적이 있습니다. 젊은 세대는 주로 용건만 주고받는 편이지만 세대나 상대에 따라 인사치레를 가미한 메시지를 주고받는 사람도 있죠. 다만, 복잡하게 생각하면 채팅이나 메신저로 소통하는 의미가 없어집니다. 이럴 때 저는 '감사합니다'부터 시작하라고 추천하는데요. 메시지를 보낼 때 '감사합니다'부터 시작하면 위화감이 없습니다. 게다가 '감사하다'는 말에 불쾌감을 느끼는 사람도 없죠.

간단한 감사 인사를 덧붙여 어색하고 무미건조한 느낌을 없애면서 대화의 물꼬는 트는 거예요. 저도 평소에 이렇게 소통을 하는데 부담도 없고 아주 좋습니다.

주의 메일은 생각보다 상대를 자극한다

코로나 이전까지는 오프라인 중심의 소통을 했다면, 재택근무가 확대되면서 메일로 소통하는 일이 많아졌습니다. 주의 메일도 그중 하나인데요. 글로 주의를 주면 오해의 소지가 많아요. 그래서 어려운 것이 사실입니다. 상대방의 어투나 표정 등을 알 수 없기에 글은 생각보다 직접적으로, 강하게 전달되죠. 다음 예를 살펴볼까요?

> 수고가 많으십니다.
> 언제나 여러모로 열심히 해주셔서 감사합니다.
>
> 사실, 이번에 작성해 주신 자료에서 한 가지 주의할 점을 발견했습니다.
> PPT에 오타가 조금 있었습니다.
> 저도 물론 체크하고 있지만, 머지않아 OO 씨도 체크를 해야 하는 위치가
> 될 거예요. 지금부터 제대로 신경을 써야 습관을 들일 수 있기 때문에 이
> 점을 염두에 두었으면 합니다.
>
> 그럼, 앞으로도 잘 부탁드립니다.

주의 메일의 핵심은 '정중하게 쓰는 것'입니다. 그리고 주의 사항은 어디까지나 '감정을 배제하고 일만 꾸짖는 것'이 원칙이에요. 이는 대화에서도 마찬가지로 적용됩니다. '감정적으로, 사람을 비난하는 것'이 목적이 아니니까요. 또한 상대가 한 단계 발전하도록 주의를 준다는 마음가짐 역시 중요하다고 생각합니다. 그렇게 해야 실수도 긍정적인 동기로 바꿀 수 있기 때문이죠.

리포트, 감상문은
현장에서 '소재'를 모은다

출장 리포트는 처음부터 '목적'과 '읽는 이'를 확인한다

회사에서 어느 정도 분량이 있는 글을 쓰라고 요구해 골치가 아프다는 목소리가 자주 들립니다. 대표적인 것이 출장 리포트일 텐데요. 출장을 가는 것은 좋지만 돌아와서 2,000자, 3,000자짜리 리포트를 쓰는 게 너무 괴롭다는 말을 심심찮게 들었습니다. 하지만 출장 리포트도 두려울 것이 없다고 이미 앞에서 말씀드렸죠?

그렇습니다. '메모'만 있으면 출장 리포트도 담담하게 써낼 수 있습니다. 글의 '소재'를 확실히 메모해 두면 리포트를 쓰는 게 두렵지 않으니까요. 출장 리포트 때문에 우울해지는 이유는 해야 할 메모를 하지 않았기 때문입니다. 일지도 그렇지만 출장도, 회사에 돌아와서 이것저것 떠올려 보는 것은 의미가 없습니다. 그게 가능할 리도 없고요. 현장에서 그때그때 제대로 메모하는 것이 중요합니다.

그렇다면 제일 먼저 해야 하는 것이 무엇일까요?

출장의 '목적'과 '읽는 이'를 확인하는 것입니다. 리포트라고 해도 그 목적은 아주 다양할 거예요. 예컨대 부서 내 정보 공유, 상사의 현황 파악, 시장 시찰 사전 리포트, 임원 회의에 사용할 보고서, 거래처에 제출할 자료 등등….

'읽는 이'도 동료, 상사, 임원, 사장, 거래처 등등 굉장히 다양할 테고요. 임원이 읽을 리포트를 동료가 읽는다고 착각해 작성하면 매우 난처한 상황이 발생할 수밖에 없습니다. 반대로, '목적'과 '읽는 이'를 확실히 해두면 이를 의식하며 현장에서 '소재'를 모을 수 있죠. 어떤 것을 '소재'로 메모해야 할지 미리 상상할 수도 있을 거예요.

사전에 질문 리스트를 만든다

예를 들어 '목적'이 출장지에 있는 거래처의 상황 파악, '읽는 이'는 상사라고 가정해 봅시다. 상사인 과장에게 출장지 현황을 보고하는 거예요. 그렇다면 우선 과장이 무엇을 알고 싶어 하는지 확인할 필요가 있겠지요? 거래처의 매출 동향을 알고 싶은지, 업무상 노하우를 알고 싶은지…. 두 가지 목적에 따라 체크해야 하는 내용은 확연히 달라집니다. 웹사이트 등으로 사전에 정보를 조사하면서 출장지에 도착해서 거래처의 무엇을 확인해야 할지 리스트를 만들어 두면 좋아요.

- 어떤 회사인가?

- 어떤 조직으로 되어 있는가?

- 근무하는 사람들은 어떤 사람들인가?

- 매출은 어느 정도 규모인가?

- 어떤 노하우를 갖고 있는가?

<u>출장 리포트와 같은 긴 글을 쓸 때, '현장에서 듣는 방법'으로 '소재'를 모을 수도 있습니다.</u> 모처럼 출장을 갔으니 회사 자료나 책자에는 없는 정보를 입수하는 게 좋겠죠? 그러니까 현장에서 담당자 등에게 직접 들은 내용을 '소재'로 삼는 겁니다. 이때도 '사실', '숫자', '에피소드'가 핵심인데요. 사전에 체크한 정보를 기반으로 좀 더 물어보고 싶거나 상사가 알고 싶어 하는 내용 등을 바탕으로 질문 리스트를 미리 만들어두면 좋습니다. 메모하는 것도 좋고, 보이스 메모나 녹음기로 녹음을 하는 것도 훌륭한 방법이에요.

'본 것'도 '소재'로 메모한다

추가로 한 가지 더 중요한 '소재'가 앞서 언급한 적이 있는 '본 것'입니다. <u>'들은 것'뿐만 아니라 '본 것'까지 확실하게 메모해 두는 거죠.</u>

출장지를 방문하면 생각보다 훨씬 많은 것을 보게 됩니다. 어떤 도시에 있는지, 어떤 건물인지, 접수처 분위기는 어떤지 등등…. 그리고 사무실에 직접 들러야 보이는 것도 있어요. 회사 분위기는 어떠한지, 직원들은 어떤 사람들인지, 평균 연령은 어느 정도인지…
로비나 회의실의 인상은 어떤지, 어떤 물건이 놓여 있는지, 안내해
준 사람은 어땠는지, 담당자는 몇 살 정도인지, 좋은 인상을 주는
지….

실제로 건실한 회사인지도 알 수 있죠. 출입구에 들어서자 직원
전체가 자리에서 일어나 인사를 해주었다, 전화가 연달아 울리고
있었다, 사무실 여기저기에서 사원들끼리 활기차게 업무 관련 이야
기를 하고 있었다 등등. 이런 것도 얼마든지 리포트 '소재'로 메모
할 수 있습니다. 허가를 받고 사진을 찍거나 자료를 받는 방법도 좋
아요.

이렇게 '들은 것'뿐 아니라 '본 것'도 리포트의 한 부분으로 구성
합니다. 그러면 훨씬 현장감 있는 리포트가 될 거예요. 그리고 결국
'소재' 메모가 많을수록 리포트 쓰기는 더 쉬워집니다.

연수 리포트도 소재가 생명

세미나나 강연, 연수 리포트는 이미 103~106페이지에서 소개
했으므로 여기에서는 자세히 쓰지 않겠습니다. 하지만 핵심은 역시
'소재'를 확실히 메모해 두는 것입니다. 그에 더해 연수 내용과 감상
을 세트로 메모하면 금상첨화죠.

연수 리포트도 마찬가지로 '들은 것'과 더불어 '본 것'이 좋은 소
재가 됩니다. PPT에 나온 그래프도 훌륭한 소재예요. 배부된 자료

의 높은 정밀도, '본 것' 중에 굉장하다고 느낀 것도 확실히 체크하여 메모해 둡니다. 그리고 글을 쓸 때 메모를 보며 내용에 느낌과 감상을 얹습니다. 내용과 감상이 있으니까 글을 쓸 때 그렇게 방황할 일은 없을 거예요. 어렵지 않게 분량도 챙길 수 있고요.

사내보 에세이는 시간을 들여 만든다

사내보 에세이도 이미 107~109페이지에서 언급했습니다. 에세이는 출장 리포트나 연수 리포트처럼 밖에 '소재'가 있는 것이 아니라 내 머릿속에 있습니다. 글을 쓸 때 소재가 샘물처럼 퐁퐁 솟아나면 좋겠지만 그런 일은 거의 없죠. 그래서 마감 직전에 쓰지 말고 쓰기 전에 사나흘 정도 시간을 들여 '소재'를 모아야 합니다. 사내보 에세이는 이것이 핵심이에요. 시간을 들여 '소재'를 모으고, 그중 가장 좋은 내용을 선택하는 것이 바람직합니다.

'추억'이나 '요즘 생각하는 것'과 같은 주제도 그렇습니다. **시간을 들여 쓸 내용(소재)을 만들어 둬야 한다고 의식하면 글을 쓰는 단계에서 '으악, 뭘 쓰지?' 같은 고민은 절대 하지 않을 거예요.** 걱정하지 말고 일단 시작부터 해서 시간을 들여 '소재'를 준비하는 것이 능사입니다.

기획서에는 '문제'와
'해결책'을 쓴다

기획서 쓰기가 어렵다는 사람이 많은 이유

기획서 작성을 힘들어하는 사람도 너무나 많습니다. '어떻게 써야 좋을지 모르겠다, 무엇을 써야 하나 망설여진다, 도무지 내용이 떠오르지 않는다, 글에 설득력이 없다…' 이런 이야기를 실제로 들은 적이 아주 많아요.

《10분 안에 기획서를 쓰세요企画書は10分で書きなさい》라는 제 저서에는 기획서의 핵심만 잡으면 기획서 작성이 전혀 두렵지 않다는 내용이 나옵니다. 기획서가 무엇인지 배운 적이 없기 때문에 많은 사람들이 기획서 작성을 힘들다고 느낄 수도 있는데요. 기획서란, 쉽게 말하면 '기획을 적은 글'입니다. 기획을 기록한 서면이죠. 그렇다면 기획서에서 정말 중요한 건 '기획'이겠죠? 그럼 기획이 무엇인지 생각해 볼까요?

기획이란, '문제'를 해결하기 위한 것!

예를 들어 상품 판매 광고를 하게 되었습니다. 아무것도 없는 맨 땅에서 광고를 기획하려고 하면 당연히 너무 어렵습니다. 그럼 '문제'로 눈을 놀리면 어떨까요?

- 판매가 안 되는 지역은 어디인가?
- 판매가 안 되는 세대는?
- 판매가 안 되는 카테고리는?
- 판매가 안 되는 영업 담당자는 누구인가?

이런 문제는 '사실' 그 자체로, 누구나 생각해 낼 수 있습니다. 그럼 이런 문제들을 어떻게 해결할지 고민해 봅시다.

- 판매가 안 되는 지역에서 홍보 활동을 한다.
- 판매가 안 되는 세대를 타깃으로 광고를 한다.
- 판매가 안 되는 카테고리의 판매 전략을 세운다.
- 판매가 안 되는 영업 담당자와 협업하여 홍보 활동을 한다.

어떤가요? 광고를 기획하는 데 큰 힌트가 되지 않나요? '기획'은 '문제'와 그 '해결법'이라고 할 수 있습니다. 해결 불가능한 문제는 애당초 기획할 필요가 없어요.

기획서에는 '문제'와 '해결책'을 쓴다

기획서에는 왠지 어려운 내용을 써야 할 것 같지만 실제로는 그렇지 않습니다. 기획서를 쓰는 행위 자체가 가치 있는 것이 아니기 때문입니다. 중요한 것은 '기획 그 자체'와 '해결책'이에요. 따라서 기획서에는 기획의 가치가 드러나 있으면 됩니다. 한마디로, '문제'와 '해결 방법'이 쓰여 있으면 되는 것이죠.

○○ 문제가 있다.

↓

그것에 ◇◇ 제안을 하고 싶다.

↓

그렇게 하면 ♤♤ 결과(이익)가 생긴다.

기획이란 누군가의 어려움을 해결할 때 비로소 성립할 수 있습니다. 저는 종종 200자짜리 기획서를 개요로 활용하는데요, 이 책의 기획서도 200자 정도로 정리해 볼까요?

'문제'가 있고 그것을 '해결'하기 위해 할 수 있는 것이 무엇인지 기록합니다. 그리고 기획의 내용을 적어서 한 페이지 정도로 정리합니다. 이걸로도 충분히 기획서를 대신할 수 있어요.

직장인 중에는 글쓰기가 고통스러운 사람이 적지 않다. 글쓰기책을 아무리 봐도 좀처럼 잘 쓸 수가 없다. 중요한 것은 겉으로 화려해 보이는 표현이 아닌, 글이란 무엇인가를 본질적으로 이해하는 것이기 때문이다. 그 본질적인 이해를 3개의 STEP으로 나누고, 다양한 사례를 곁들여 상세하게 소개한다. 많은 사람들이 이 책을 보고 글을 술술 쓰게 된다.

기획서 '부풀리기'는 오히려 역효과

한편 기획서에 하면 안 되는 것이 있습니다. 그것은 '부풀리기'입니다. 좋은 기획처럼 보이고 싶어 자신의 기획을 치켜세우려고 하는 것이죠. 이럴 때 주로 사용하는 것이 '형용사'입니다. 기획서를 못 쓰고, 어려워하는 사람이 고민하는 것은 멋있어 보이는 형용사를 찾아내는 거예요. 하지만 그건 오히려 역효과를 가져옵니다. 자화자찬으로 점철된 기획서는 도리어 더 엄격하게 평가되기도 하니까요. 그래서 기획서에는 '형용사'가 필요 없습니다. '문제'를 뚜렷하게 적고, 그것을 '해결'할 수 있는 방법만 확실히 보여주면 돼요. 그리고 엄밀히 따지면 '문제'와 '해결책'도 '소재'의 한 종류입니다. 이것을 글로 풀어내기만 하면 되는 것이죠.

발표 자료도 우선은
'소재' 준비부터!

파워포인트도 글쓰기와 동일한 방법으로!

발표 자료도 업무 중 작성하는 글의 범주에 들어갈 것 같습니다. 파워포인트를 활용하여 발표 자료를 만드는 분들이 많을 텐데요. <u>슬라이드 역시 글을 쓸 때와 같은 방식으로 만들 수 있습니다.</u> 따라서 이때도 무턱대고 슬라이드를 작성하는 것은 지양해야 해요. 아무런 준비 없이 슬라이드를 만들기 시작하면 시간은 시간대로 들고, 제대로 된 결과물도 얻기 힘듭니다. 전체 흐름이 보이지 않아 이리저리 방황하기 때문이에요. 또 '소재'가 충분히 모이지 않았기 때문이기도 하죠.

슬라이드의 '소재' 준비도 글을 쓸 때와 동일합니다. '진짜 목적'과 '읽는 이'를 확인한 다음 필요한 '소재'를 모읍니다. 여러 번 언급했듯이 갑자기 모든 '소재'가 번뜩! 떠오를 리 없기 때문에 일정상 여유가 있다면 시간을 들여 '소재'를 준비해 보세요. 시간을 들여 만들어내야 '아, 이것도 넣는 게 좋겠다!'라고 할 만한 '소재'가 생각나고, 충분한 '소재'를 갖고 글을 쓸 수 있습니다.

'틀'을 확실하게 짠다

슬라이드를 작성하라고 한 발주자에게 '진짜 목적'과 '읽는 이'를 확실하게 체크하면 '소재'를 모으기가 훨씬 쉬워집니다. 어느 정도 '소재'가 쌓이면 앞에서 말한 '1인 브레인스토밍'을 해보는 것도 좋아요. 다시 한번 '소재'를 바라보면 새로운 '소재'가 떠오르기도 하니까요.

'소재'가 한자리에 모이면 이번에는 구성의 '틀'을 짭니다. 슬라이드의 틀을 생각하는 것은 글의 구성을 생각하는 것과 같은 방식으로 하면 됩니다. '읽는 이'에게 말을 한다면 어떤 순서로 할지 생각하며 구성을 짜보는 것이죠. '소재'를 먼저 준비하면 좋은 이유는 '소재'가 있어야 큰 스토리가 보이기 때문이에요.

슬라이드가 글과 다른 점은 그림이나 그래프, 표, 사진 등 시각적인 자료를 많이 넣을 수 있다는 것인데요. 어떤 타이밍에 어떤 시각적인 요소를 넣을지 파악하기 위해 만드는 것이 '틀 짜기'입니다. 큰 '틀'을 짠 다음, '소재'별로 배치할 시각적 요소와 텍스트를 정리하는 것이죠. 핵심은 '틀'을 제대로 짜는 것입니다. 이는 글의 '구성'과 마찬가지예요. 틀을 제대로 짜지 못하면 슬라이드 만들기는 난관에 부딪치게 될 겁니다.

SNS, 블로그…
이 세상은 재료의 보물 창고!

SNS와 블로그 글

제 일과는 조금 거리가 있는, SNS나 블로그에 쓰는 글도 기본적인 구성 방법은 동일합니다. 가장 중요한 것은 무엇을 쓸 것인지, 즉 '소재'죠. 이러한 글들은 글쓴이가 필요 이상으로 '어떻게 쓸지'에 초점을 맞추는 것 같다는 생각이 들어요. 하지만 쓰는 이가 '어떻게 쓸지'에 집중할수록 읽는 이는 오히려 그것에 무신경하게 됩니다. 글 자체의 매력으로 승부하는 소설이나 에세이 작가가 읽는다면 얘기가 달라지겠지만, 일반인이 읽는다면 알고 싶은 건 글의 알맹이일 테니까요.

반대로, 내용이 흥미롭기만 하다면 문장력에 크게 주의를 기울이지 않을 거예요. 알기 쉽게 쓰여 있는 것으로 충분하겠죠. 그야말로 말로 들려주듯이 말이에요.

글을 평가하는 단어 중 아주 위험한 것이 '재미있다'라는 단어라고 생각합니다. SNS 글이든, 블로그 글이든, 읽는 사람들이 좋아하는 것은 '재미있다'고 평가받는 글이에요. 그런데 사실 '재미있다'는 지극히 주의해야 할 표현입니다(이것도 형용사네요). 왜냐하면 **사람마다 '재미있다'고 느끼는 것이 백이면 백 다르기 때문이죠.** 초등학생에게 재미있는 것은 대학생에게는 재미없을 가능성이 높아요. 20대 남성에게 재밌는 것이 50대 여성에게도 재미있을 거라는 보장도 없고요. **즉, 글쓴이 스스로가 '재미있다'고 생각하는 것이 타인에게도 재미있다고 할 수는 없습니다.** '이거다!' 생각했던 게 아무런 반응을 일으키지 못하는 경우도 있는 것처럼 말이죠.

평가하는 사람은 '읽는 이'

이때 무엇보다 주의할 것은 평가하는 사람은 '읽는 이'라는 점입니다. 모든 독자에게 '재미있다'고 인정받는 글은 세상에 존재하지 않아요. 그렇다면 중요한 것은 무엇일까요? 특정된 '읽는 이'를 의식하는 겁니다. 어떤 사람이 읽었으면 하는지, 그걸 스스로 정하는 거죠. 무엇을 써야 할지 모르겠는 사람도 '읽는 이'를 정하고 나면 쓸 것에 대한 아이디어가 솟구치게 됩니다.

예를 들어 구직 활동 시작 전인 대학생, 회사에 갓 입사한 신입 사원, 입사 5년 차인 중견 사원 등등…. '읽는 이'를 상상하면 이미지가 더욱 선명하게 떠오를 거예요. 물론 많은 사람들의 지지를 받으면 더 좋겠지만, 우선은 특정된 누군가에게 '읽길 잘했다'는 생각이 드는 글을 쓰는 거죠.

반대로, 하지 말아야 할 것은 누군가를 특정하지 않기 위해, 모든 사람의 지지를 얻기 위해, 어느 누구에게도 꽂히지 않는 글을 쓰는 것입니다. 이런 글은 가치 없는 글로 전락하고 말아요. 그래서 '읽는 이'를 정하는 것은 더없이 중요합니다. 다른 비즈니스 글과 똑같이 SNS나 블로그 글도 '읽는 이'를 상상하면 '무엇을 쓸지'가 비교적 쉽게 떠오릅니다. '읽는 이'의 흥미와 관심거리를 따라가다 보면 '소재'는 얼마든지 나올 테니까요.

뇌의 생각 스위치가 켜지지 않았다

이 세상은 글을 쓰는 사람에게 정말 다양한 재료의 보고(寶庫)라고 생각합니다. SNS, 블로그 등 어딜 봐도 글쓰기 '소재'가 산더미처럼 쌓여 있어요. 우리가 눈치를 채지 못하고 있을 뿐이죠. 그 이유는 단순한데, 주의 깊게 바라보지 않기 때문이에요. 앞서 언급한 것처럼 인간은 망각의 동물이니까요. 모든 것을 기억한다면 뇌가 터져버리고 말 거예요. 그래서 뇌는 보거나 들은 것, 우리의 감각으로 들어온 모든 소재 중 중요하게 생각하는 것만 기억하죠.

예컨대, 역까지 향하는 도중에 부서진 건물이 있는 공터가 있었다고 칩시다. 하지만 별생각 없이 지나다닐 때는 그곳에 무엇이 있었는지 떠올리지 못하는 경우가 많아요 이것은 뇌의 작용 원리라고 할 수 있습니다. 모든 것을 주목하면 뇌가 과하게 반응하다 결국 지쳐버릴 테니까요. 보고 있지만 자동으로 보이지 않게 하는 겁니다. 생각의 스위치가 꺼져 있는 것이죠. 그래서 아무것도 하지 않으면 '재미있는 것'이 있다고 해도 그냥 지나쳐 버리고 맙니다. 스위치가 꺼져 있으니 뇌가 반응하지 않는 거예요.

그런 경우에 해야 할 것은 '스위치를 켜는 것'. 즉, '의식하는 것'입니다. 스위치를 켜서 차분히 세상을 바라보면 '재미있는 것들'이 많이 굴러다니고 있음을 발견할 수 있죠. '어? 이게 뭐지?', '어째서 이렇게 된 거지?'라는 생각이 드는 것들과 마주칠 수 있어요. 그런 걸 글로 녹여내면 됩니다. 그리고 '이거다' 싶은 건 쭉쭉 '메모'하세요. 뇌의 스위치를 켜서 안테나를 세우고 말이죠. 이렇게 손에 넣은 재료는 언젠가 반드시 도움이 될 거예요. 재미있는 것을 끊임없이 써내는 사람은 이런 식으로 평소에 재료를 차곡차곡 저장합니다.

상사에게 '목표'를 배운다

정답인 글은 없다!

지금까지 '쓰는 방법'에 대해 사례를 포함해 다양한 내용들을 소개해 봤는데요. 한 가지 주의해야 할 점이 있습니다. 그것은 앞서 말했듯이, 세상에 정답인 글은 없다는 것입니다. '이 정도면 괜찮지'라고 생각한 글이 지적을 받기도 하니까요. 실제로, 이전 상사는 글에 대해 아무 피드백이 없었는데 상사가 바뀌자마자 지적을 받았다는 사람도 여럿 봤습니다.

정답은 없지만 취향이 있는 것이 글입니다

저는 동의하기 힘들지만 기승전결이 있는 글을 원하는 상사도 있을 수 있어요. 알기 쉬운 것보다 어려운 단어를 많이 사용하여 격조 높은 글을 쓰라는 사람도 있을 수 있습니다. 상사가 요구하는 글과 동떨어진 글을 작성하면 만족스럽지 못한 평가를 받을 수도 있습니다. 따라서 회사마다 특정 규칙이나 양식, 문체 스타일이 있는지 한 번쯤 확인할 필요도 있어요.

회사나 상사가 바뀌면 글도 바뀐다

회사나 상사가 바뀌면 '상사에게 샘플을 받는 것'이 가장 빠릅니다. 어떤 글이 합격점을 받는지 배울 수 있으니까요. 상사와 회사가 어떤 글을 좋아하는지 파악할 수도 있고요. 글을 쓰기 전에 먼저 상사가 썼던 리포트 등을 보면 공은 적게 들이면서 만족스러운 결과를 얻을 수 있습니다. 그걸 샘플로 생각하면 돼요.

또는 '지금까지 높게 평가한 글이 있으신가요?'라고 여쭤보고 그 리포트를 보는 것도 좋은 방법입니다. 어느 쪽이든 상사나 회사가 원하는 글을 써야 긍정적인 평가를 받을 수 있어요. 이를 감안하고 글을 마주할 필요가 있습니다. 다만, 그것이 세간에 통용되는 것이 아니라는 이해 역시 필요해요. 어디까지나 특정 상사, 특정 회사가 요구하는 것임을 인식하는 것이 좋습니다. 회사나 상사가 바뀌면 요구하는 것도 달라질 테니까요.

Point 41

안 좋은 글, 좋은 글에 민감해진다

'어라?' 하는 생각이 들면 확인할 것!

세상에 정답인 글은 없다고 했지만, 다수의 사람들이 '이건 아니야'라고 하는 글이 있는 것도 사실입니다. 되도록이면 그런 글은 쓰고 싶지 않죠. 거기서 한 가지 큰 배움을 얻을 수 있습니다. 그것은 안 좋은 글에 민감해지는 것이에요.

예를 들면 메일을 받았을 때 '어라?' 싶은 부정적인 반응이 내 안에 스멀스멀 올라온다면 그건 신경이 쓰인다는 증거입니다. 스스로 어느 부분에서 반응을 했는지 확인해 보는 것이 좋아요. 그 이유가 단어인지, 표현인지, 구성인지, 전개인지… 신경 쓰이는 원인을 찾았다면 같은 행동을 하지 않으면 됩니다.

이는 SNS나 블로그도 마찬가지예요. '이건 좀 아닌데?' 싶은 것에 예민해집시다. 그렇게 쓰면 안 된다고 배우는 거니까요. 글에는

'격'이란 게 있습니다. 앞서 〈천성인어〉라는 칼럼이 가치 있는 이유는 신문 1면의 잘 보이는 위치에 있어서라고 언급한 바 있습니다. 하지만 같은 위치에 무엇을 써도 주위에서 모두 훌륭하다고 받아들이는 것은 아니에요. 최소한의 '자격'이라는 것이 있다고 생각합니다. 이를 이해하지 못하면 '무슨 근거로 그런 글을 그 위치에 쓰냐!'라는 비판을 받을지도 몰라요.

'두려움'을 알아야 한다

'글은 두려운 것이라는 인식'도 필요합니다. 업무와 관련 없는 글이라고 해서 SNS나 온라인에 무엇이든 게재하면 안 됩니다. 여기저기 산재한 인적 사항을 조금만 모아봐도 쉽게 회사와 연결되는 시대니까요. 예상치 못한 한 줄로 회사에 피해를 끼칠 수도 있습니다. 단순한 한 문구가 다른 사람에게 상처를 주기도 하고, 사소한 표현에 불같이 화를 내는 사람도 있어요. 그러니 그런 여러 가지 위험성을 인식하고 경각심을 가질 필요가 있습니다.

당연한 얘기지만 익명으로 다는 댓글이라도 심한 말을 하거나 욕설을 쓰면 안 됩니다. 상처받는 사람이나 불쾌하게 느끼는 사람이 있을 수 있다는 생각을 항상 하고 있어야 해요.

개인적인 의견이지만, 특히 매체로 보는 글 중에 비판적인 글이 많다고 생각합니다. 저명한 저널리스트를 취재하며 의외의 이야기를 들은 적이 있는데요. 누군가를 이러쿵저러쿵 비판하는 글은 사실 쓰기 쉬운 글이라는 말이었습니다. 그래서 모두들 타인을 비판하는 글을 쓰고 싶어 한다는 거죠. 심지어 그런 글을 쓰고 나면 멋진 글을 써낸 것 같은 기분까지 든다는 거예요. 하지만 이는 글을 쓰는 데 아주 큰 함정이라고 그 저널리스트는 말했습니다.

게다가 그런 글에는 읽는 이의 잠재적인 니즈도 들어 있다고 해요. 매체를 소비하는 독자는 자신도 모르게 비관적인 뉴스에 더 관심을 갖기 때문에 긍정적인 뉴스보다 부정적인 뉴스가 더 빨리 전파되는 것이 사실입니다. 자극적인 제목의 글들을 더 많이 읽죠. 하지만 이런 글들은 결국 읽는 이와 쓰는 이 모두에게 악순환을 일으키기 쉽습니다. 그래서 여러 매체에 있는 글도 주의가 필요하다는 걸 머릿속에 꼭 넣어두셨으면 합니다.

간단하면서도 최고의 비법은
'읽기' 트레이닝

배운 적이 없는데, 쓸 수 있게 되었다

저는 20대 초반에는 글을 정말 못 썼지만, 지금은 베스트셀러를 출간한 프로 라이터가 되었습니다. 그 과정에서 얻은 깨달음을 글로 많이 엮었지만, 아직 세간에 내놓지 않은 한 가지 비법이 더 있어요. 저는 글이나 문법에 대한 책을 읽은 적이 없고, 작문 학원에 다닌 적도 없습니다. 그런데 대체 어떻게 글을 잘 쓰게 되었을까요?

짚이는 것이 하나 있는데, 그것은 <u>저도 모르게 오랜 기간 동안 '읽기 트레이닝'을 했다는 것</u>입니다. 실은 카피라이터 시절, 글이 잘 써지지 않을 때 줄곧 생각했던 것이 있습니다. 바로 '나는 어떤 글을 쓰고 싶은 걸까?'였어요. 도달하고자 하는 목표를 세울 필요가 있었죠. 그래서 스스로 다양한 잡지를 읽고 아사히신문출판의 주간지 〈AERA〉를 선택했습니다. 주간지 속 글은 품격이 있었고, 단어나 표현의 균형, 취향도 훌륭했습니다. 게다가 경제부터 문화, 예능까지 폭넓은 영역의 기사가 실려 있었어요. 보자마자 '이런 글을 쓰고 싶다'고 생각했습니다.

매일 조금씩 읽다 보니 익숙해졌다

그 후 지금까지 매주 〈AERA〉를 읽고 있습니다. 직장인 시절에는 출근길 지하철에서, 프리랜서가 된 후에는 늦은 밤 욕조에서, 매일 조금씩 모든 기사를 정독합니다. 20년이 넘도록 지속된 습관이에요.

3년째였는지, 5년째였는지, 그 즈음부터 효과가 나타났던 걸로 기억합니다. 기사들을 매일 읽다 보니 저도 모르게 〈AERA〉의 문체가 친숙해졌어요.

- 쉼표나 마침표의 위치
- 시작과 끝맺음
- 적절한 줄바꿈
- 글의 난이도
- 사회인에게 필요한 어휘
- 글 첫머리의 임팩트
- 전문용어를 어디까지 설명할 것인가?
- 긴 문장을 어떻게 구성하는가? 등등

실제로 저는 글쓰기를 배운 적이 없고, 문법이나 규칙 등을 배우려고 시도한 적도 없습니다. 하지만 매일 조금씩 〈AERA〉 속 기사를 읽으면서 자연스럽게 글 쓰는 방법을 체득했다고 생각해요. 그래서 제가 강력하게 추천하는 방법은 '읽기 트레이닝'입니다. 가장 간단하면서도 효과가 좋은 방법이라고 생각합니다(덧붙이자면 지금은 간행 이래 최고 명문 페이지에 〈현대의 초상現代の肖像〉이라는 글을 쓰고 있습니다. 의뢰가 왔을 때 굉장히 놀랐습니다).

'써보고 싶다'고 생각하는 글을 매일 읽는다

제가 〈AERA〉를 지속적으로 읽다가 우연히 '이런 글을 써보고 싶다'는 생각을 하게 된 것처럼, 여러분도 각자 '나는 어떤 글을 써보고 싶은 걸까?' 생각하며 그런 글을 찾았으면 합니다. '목표'가 없으면 당연히 그 목표에 도달할 수도 없으니까요. 그리고 가능하면 매일, 조금씩 읽는 것이 좋습니다. 특정 매체도 괜찮고, 특정 글쓴이의 칼럼이나 블로그도 괜찮습니다. 매일 무언가를 읽는 것만으로 그 글이 내 안에 익숙하게 자리 잡을 테니까요. '이렇게 하면 좋겠다'를 머리로 외우는 것이 아니라 몸으로 익히는 겁니다. 머지않아 여러분도 쓰고 싶은 글을 자유자재로 쓸 수 있을 거라 믿습니다.

'읽기 트레이닝' 꼭 시도해 보세요!

☑ '소재' 준비는 '현장'에서부터 시작된다.

☑ 머릿속에 있는 '소재'는 시간을 들여 끄집어낸다.

☑ '말로 한다면 어떻게 전할까'를 생각한다.

☑ 쓰는 것도 '말한다는 생각으로!'

☑ 한 문장을 짧게, 일단 대충 쓴다.

☑ 사소한 실수에 주의한다.

☑ 형용사를 최소한으로 줄인다.

☑ 구체적인 감사나 사과 한 줄로 진정성을 보여준다.

☑ 지시 메일은 '5W2H'를 의식하며 쓴다.

☑ 주의 메일은 상대방에게 도움이 될지를 생각하며 감정을 빼고 쓴다.

☑ 출장 리포트는 사전 질문 리스트가 중요하다.

☑ 기획서에는 문제와 해결책을 쓰면 된다.

☑ 세상은 SNS, 블로그 글쓰기 재료로 가득 찬 보물 창고다.

☑ '읽기 트레이닝'으로 쓰고 싶은 글과 친숙해진다.

프리랜서로 글을 쓰기 시작해 어느덧 30년 가까운 시간이 흘렀습니다. 감사하게도 그동안 많은 분들이 기회를 주셔서 채용 공고로 시작했던 일이 일반 광고로 이어지고, 저명한 인사를 취재하여 잡지에 글을 실은 적도 많습니다. 일이 점점 늘어나면서 광고를 의뢰한 회사로부터 경영자의 책을 대신 써달라는 제안을 받기도 했고요. 그 책을 시작으로 다양한 경영자들의 책을 쓰게 되고, 정신을 차려 보니 제 책도 여러 권 내게 되었습니다.

와라시베 장자* 같은 글쓰기 경력이라고 언급한 적도 있는데, 글 쓰는 일을 통해 이렇게 상상도 못 할 정도로 많은 기회를 얻을 수 있었던 이유는 한 가지라고 생각합니다. 본문에서도 강조했듯이 '내가 쓰고 싶은 것이 아닌, 독자가 읽고 싶은 것'을 항상 의식하며 글을 썼다는 것이죠.

원래 글쓰기가 어렵고 싫었는데, 착각하여 잘못 들어간 광고 회사를 시작으로 글과 인연을 맺게 되었습니다. 그래서 처음에는 무

---

* **와라시베 장자**(わらしべ長者): 일본 동화. 가난한 사람이 볏짚을 물물교환하며 마지막에는 부자가 된다는 내용이다.

언가를 쓰고 싶다는 의지가 전혀 없었어요. 덧붙여, 이직한 회사가 망하면서 의도치 않게 프리랜서가 되었기 때문에 처음에는 프리랜서가 되고 싶다는 열망도 없었습니다.

직장을 잃고 나서 나를 필요로 하는 사람이 아무도 없는, 망망대해에서 표류하는 것 같은 공포를 맛본 후 '나를 위해 일하는 것은 그만두자'고 결심했습니다. '일거리를 주는 사람을 위해 일하자, 독자를 위해 열심히 하자'고 생각했죠. '무슨 일이든 열심히 하자'고 말입니다. 이러한 마음가짐이 행운의 시작이었습니다. 일을 할 때의 관점이 '나 자신'이 아닌 '누군가'를 향하는 것, 이것이 제 인생을 바꾼 시발점이 된 것입니다.

이 책에서도 '예전부터 글 자체에는 흥미가 없다'고 언급한 바 있습니다. 이유는 간단합니다. 저의 흥미가 글의 목적이 될 수는 없으니까요. 제 글의 목적은 독자에게 도움이 되는 것입니다. 저에게 있어 글이란 독자에게 도움을 드리기 위한 도구에 지나지 않아요.

때때로 '좋아하는 일을 하고 싶다', '원하는 일로 한자리할 수 없을까?'라는 생각이 들 때, 일을 하는 것 그 자체가 목적이 아니라는 발상의 전환이 필요합니다. 일은 애초에 누군가를 돕기 위한, 더 나아가 세상을 발전시키기 위한 도구이기 때문입니다. 누군가가 기뻐해주기 때문에 일이란 것이 존재합니다. 그래서 보수를 받는 것도 가능한 거고요. 스스로의 만족을 위해서도 일이 존재하지만 그것만을 위해서 일이 존재하는 것은 아닙니다. 물론 일을 하면서 만족까지 느낄 수 있다면 금상첨화겠지만요.

3,000명이 넘는 인원을 취재하며 '인간에게 제일 중요한 행복은 누군가를 돕는 것'이라고 느꼈습니다. '감사합니다'라는 말을 듣는 것, 이것이 가장 큰 행복 아닐까요? 일에는 이런 말을 들을 기회가 숨어 있습니다. 하고 싶은 일을 하며 즐거움을 느껴도 내가 한 일에 대해 감사와 기쁨을 전하는 사람이 없다면 어떨까요? 그 일이 진심으로 즐거운 일이 될 수 있을까요? 그렇기 때문에 우리는 누군가에게 도움이 되는 일을 선택하곤 합니다. 내가 하는 일이 누군가를 기쁘게 하는지 아닌지도 틈틈이 살펴보고요. 그렇게 이 세상의 일원으로 기능하는 것이지요.

어렵고 싫었던 글쓰기를 업으로 삼은 덕분에 저는 이러한 '일의 본질'을 깨달을 수 있었습니다. 참으로 감사한 일이 아닐 수 없습니다. 여러분이 하고 있는 일도, 분명 누군가를 행복하게 하고 있을 겁니다. 부디 그 점을 아셨으면 합니다. 누군가를 행복하게 하는 것은 정말 큰 기쁨이에요.

이 책을 출간할 수 있도록 힘써 주신 일본실업출판사의 야마다 세이코 씨, 스기모토 준이치 사장님께 감사의 말씀을 전합니다. 또한 큰 도움을 주신 간바라 히로유키 씨에게도 이 자리를 빌려 감사를 전합니다.

세상 모든 사람들이 글을 술술 쓰게 되기를 바라며!

2022년 12월 우에사카 도루

옮긴이 **강시은**

일본 문화에 관심이 생겨 독학으로 일본어를 배운 뒤 용감하게 일본 본토로 건너갔다. 귀국 후 정식으로 일본어를 전공하고, 서점에서 일본 도서 담당자, 일본 게임 회사와 이커머스 회사에서 일본 담당 MD를 거쳐 현재 프리랜서로 다방면에서 활약하고 있다.

글이 술술
써지는 기술

초판 1쇄 발행 2023년 10월 17일

지은이 우에사카 도루
옮긴이 강시은
발행처 타임북스
발행인 이길호
총괄 이재용
편집인 이현은
편집 최예경·이호정
마케팅 이태훈·황주희·김미성
디자인 원상회
제작·물류 최현철·김진식·김진현·이난영·심재희

타임북스는 ㈜타임교육C&P의 단행본 출판 브랜드입니다.

출판등록 2020년 7월 14일 제2020-000187호
주소 서울특별시 강남구 봉은사로 442 75th AVENUE빌딩 7층
전화 02-590-6997
팩스 02-395-0251
전자우편 timebooks@t-ime.com

ISBN 979-11-92769-52-3(13190)